FiNALEonline.de

FiNALEonline.de ist die digitale Ergänzung zu deinem Arbeitsbuch. Hier findest du eine Vielzahl an Angeboten, die dich zusätzlich bei deiner Prüfungsvorbereitung in Englisch unterstützen!

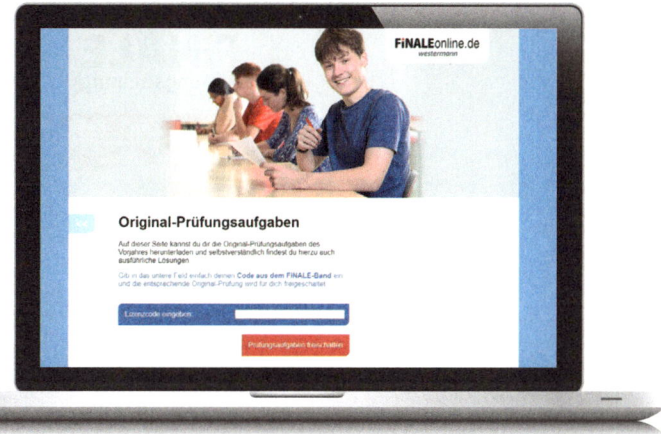

Das Plus für deine Prüfungsvorbereitung:

→ Original-Prüfungsaufgaben mit Lösungen (bitte Code von S. 4 eingeben)

→ Tipps zur Prüfungsvorbereitung, die das Lernen erleichtern

→ Audiodateien zu den Hörverstehens-übungen (bitte Code von S. 4 eingeben)

Online-Grundlagentraining

Du hast noch Lücken aus den vorherigen Schuljahren? Kein Problem! Das Online-Grundlagentraining auf FiNALEonline.de hilft dir dabei, wichtigen Lernstoff nachzuarbeiten und zu wiederholen. Und so funktioniert es:

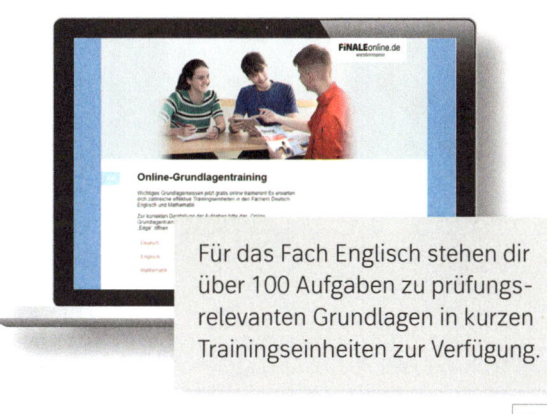

Unser Tipp für Lehrerinnen und Lehrer: Nutzen Sie unsere vielfältigen Arbeitsblätter auch für Ihren Unterricht.

Für das Fach Englisch stehen dir über 100 Aufgaben zu prüfungs-relevanten Grundlagen in kurzen Trainingseinheiten zur Verfügung.

Für Lehrerinnen und Lehrer:
Die Lehrerhandreichung für den optimalen Einsatz der Arbeitsbücher im Unterricht zum kosten-losen Download!

Du übst lieber auf Papier? Dann klicke auf „PDF" und drucke dir die gewünschte Trainingseinheit einfach aus.

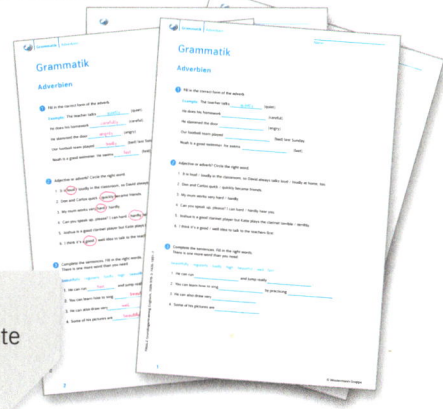

FiNALE Grundlagentraining Englisch

Das FiNALE Grundlagentraining ist die ideale Ergänzung zu diesem Arbeitsbuch. Es bietet eine große Auswahl an Materialien, mit deren Hilfe du prüfungsrelevantes Grundlagenwissen auffrischen und aktiv trainieren kannst.

Folgende Inhalte werden in diesem Band behandelt:

- → umfangreiche Übungen zur Grammatik
- → Hörverstehen (mit Audiodateien)
- → Leseverstehen
- → Schreiben
- → Sprachmittlung (Mediation)
- → Sprechen
- → die wichtigsten Operatoren im Fach Englisch

Zu jeder Trainingseinheit gibt es anschauliche Lösungen.

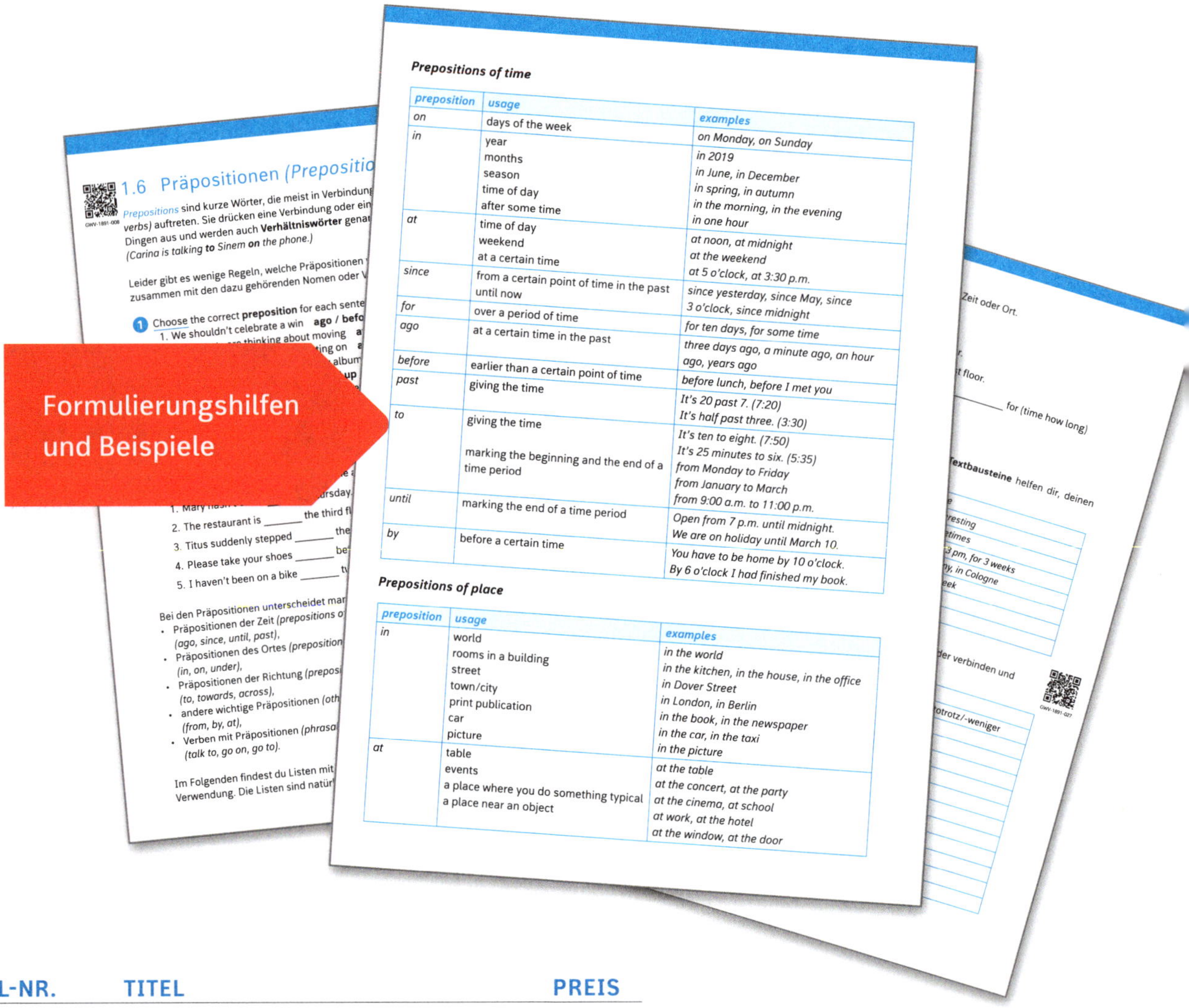

Formulierungshilfen und Beispiele

Prepositions of time

preposition	usage	examples
on	days of the week	on Monday, on Sunday
in	year	in 2019
	months	in June, in December
	season	in spring, in autumn
	time of day	in the morning, in the evening
	after some time	in one hour
at	time of day	at noon, at midnight
	weekend	at the weekend
	at a certain time	at 5 o'clock, at 3:30 p.m.
since	from a certain point of time in the past until now	since yesterday, since May, since 3 o'clock, since midnight
for	over a period of time	for ten days, for some time
ago	at a certain time in the past	three days ago, a minute ago, an hour ago, years ago
before	earlier than a certain point of time	before lunch, before I met you
past	giving the time	It's 20 past 7. (7:20) It's half past three. (3:30)
to	giving the time	It's ten to eight. (7:50) It's 25 minutes to six. (5:35)
	marking the beginning and the end of a time period	from Monday to Friday from January to March from 9:00 a.m. to 11:00 p.m.
until	marking the end of a time period	Open from 7 p.m. until midnight. We are on holiday until March 10.
by	before a certain time	You have to be home by 10 o'clock. By 6 o'clock I had finished my book.

Prepositions of place

preposition	usage	examples
in	world	in the world
	rooms in a building	in the kitchen, in the house, in the office
	street	in Dover Street
	town/city	in London, in Berlin
	print publication	in the book, in the newspaper
	car	in the car, in the taxi
	picture	in the picture
at	table	at the table
	events	at the concert, at the party
	a place where you do something typical	at the cinema, at school
	a place near an object	at work, at the hotel at the window, at the door

1.6 Präpositionen (Preposition...

Prepositions sind kurze Wörter, die meist in Verbindung... verbs) auftreten. Sie drücken eine Verbindung oder ein... Dingen aus und werden auch **Verhältniswörter** gena... (*Carina is talking to Sinem on the phone.*)

Leider gibt es wenige Regeln, welche Präpositionen... zusammen mit den dazu gehörenden Nomen oder V...

① Choose the correct **preposition** for each sente...
   1. We shouldn't celebrate a win   **ago / befo**
   ... thinking about moving   **a**
   ... ing on   **e**
   ... album   **up**

1. Mary hasn't ... ...rsday.
2. The restaurant is _____ the third fl...
3. Titus suddenly stepped _____ the...
4. Please take your shoes _____ be...
5. I haven't been on a bike _____ t...

Bei den Präpositionen unterscheidet man...
- Präpositionen der Zeit (*prepositions o...* (*ago, since, until, past*),
- Präpositionen des Ortes (*preposition...* (*in, on, under*),
- Präpositionen der Richtung (*prepos...* (*to, towards, across*),
- andere wichtige Präpositionen (*oth...* (*from, by, at*),
- Verben mit Präpositionen (*phrasa...* (*talk, to go on, go to*).

Im Folgenden findest du Listen mit... Verwendung. Die Listen sind natür...

BESTELL-NR.	TITEL	PREIS
978-3-7426-1891-7	FiNALE Grundlagentraining Englisch	13,95 €

FiNALE Grundlagentraining gibt es auch für die Fächer Deutsch und Mathematik.

westermann

FiNALE
Prüfungstraining

Nordrhein-Westfalen

Mittlerer Schulabschluss 2024

Englisch

 FiNALEonline.de

Liebe Schülerin, lieber Schüler,

sobald die Original-Prüfungsaufgaben zur Veröffentlichung freigegeben sind, können sie unter **www.finaleonline.de**
zusammen mit ausführlichen Lösungen kostenlos heruntergeladen werden. Gib dazu einfach diesen Code ein:

EN3b7Jr

Einfach mal reinschauen: www.finaleonline.de

Autoren: Gerhard Adams sowie Detlef Kunz

© 2023 Westermann Lernwelten GmbH, Georg-Westermann-Allee 66, 38104 Braunschweig
www.westermann.de

Bildnachweis:
|Feldhaus, Hans-Jürgen, Münster: 5.2, 26.1, 26.2, 27.1, 47.1, 48.1, 64.1, 65.1, 82.1, 83.1, 105.1, 106.1, 116.1, 118.1.
|iStockphoto.com, Calgary: chengyuzheng 3.1, 118.2. |Peter Wirtz Fotografie, Dormagen: Titel. |Picture-Alliance
GmbH, Frankfurt a.M.: Robert Harding World Imagery 17.1. |Schnabel, Dunja, Hamburg: 5.1, 120.1. |Schumann,
Friederike, Berlin: 10.1, 125.1.

Druck A[1] / Jahr 2023
Alle Drucke der Serie A sind im Unterricht parallel verwendbar.

Redaktion: lüra – Klemt & Mues GbR, Wuppertal
Kontakt: finale@westermanngruppe.de
Layout: LIO Design GmbH, Braunschweig
Umschlaggestaltung: Gingco.Net, Braunschweig
Umschlagfoto: Peter Wirtz, Dormagen
Druck und Bindung: Westermann Druck GmbH, Georg-Westermann-Allee 66, 38104 Braunschweig

ISBN 978-3-07-**172407**-5

Was erwartet dich in diesem Buch?

Du bist in der 10. Klasse und vor dir liegt die Zentrale Abschlussprüfung, das große „Finale".
Darauf will dich dieses Buch vorbereiten. Es gibt dir die Möglichkeit,
1. dich mit den Prüfungsaufgaben und ihren Anforderungen vertraut zu machen,
2. deine sprachlichen Möglichkeiten in den für die Zentrale Abschlussprüfung geforderten Bereichen zu erweitern.

In **Teil A** erhältst du Hinweise, wie du dich gezielt und sinnvoll auf die Prüfung vorbereiten kannst. Dieser Teil führt dich in kleinen Schritten an die Aufgabentypen heran und macht dir deutlich, was in den Aufgaben von dir erwartet wird und wie du gut damit zurechtkommen kannst. Außerdem bekommst du Tipps und Hilfen zur Erweiterung deines Wortschatzes.

In **Teil B** findest du Prüfungsbeispiele, die aufgebaut sind wie die Originalprüfungen. Am Anfang wirst du dabei durch Lösungshilfen sehr intensiv unterstützt, später gehst du zunehmend selbstständig vor.
Die Prüfungsbeispiele orientieren sich nicht nur in der Art der Aufgabenstellungen, sondern auch thematisch an den Vorgaben für die Zentrale Abschlussprüfung.
Die letzte Prüfung im Buch ist die Originalprüfung aus dem Jahr 2022.

Die Originalprüfung für 2023 bekommst du im Internet, sobald sie geschrieben und zur Veröffentlichung freigegeben ist. Sie ist dann zu finden unter www.finaleonline.de und kann mit diesem Codewort heruntergeladen werden: EN3b7Jr

Hast du noch Lücken aus den vorherigen Schuljahren? Dann empfehlen wir dir das FiNALE Grundlagentraining Englisch (ISBN 978-3-7426-1891-7). Es bietet prüfungsrelevantes Grundlagenwissen zum Nachschlagen und Üben. Ergänzend dazu findest du unter www.finaleonline.de/grundlagentraining ein kostenloses Online-Training bestehend aus interaktiven Übungsaufgaben und Arbeitsblättern zum Ausdrucken.

Und natürlich gibt es ein Lösungsheft, in dem du die Richtigkeit jedes Arbeitsschrittes überprüfen kannst. Außerdem findest du auch zur Original-Prüfungsaufgabe eine mögliche Musterlösung, sodass du einschätzen kannst, was von dir in der Abschlussprüfung erwartet wird.

In diesem Arbeitsbuch findest du Schreibraum für wichtige vorbereitende Notizen neben den Texten. Manchmal musst du deine Texte auf einem Extrablatt anfertigen.

Damit du ein Gefühl für die zur Verfügung stehende Arbeitszeit bekommst, solltest du beim Bearbeiten der Prüfungsaufgaben eine Uhr bereitstellen (siehe Checkliste Seite 11).

Alle Übungen, zu denen es Audio-Dateien gibt, erkennst du an diesem Symbol. Um die Audio-Dateien anzuhören, gib auf der Internetseite www.finaleonline.de diesen Code ein: EN3b7Jr

Wir sind sicher, dass du dich nach der Bearbeitung dieses Buches sicher für das „Finale" fühlst, und wünschen dir für die Prüfung viel Erfolg.

Das Autorenteam

Teil A Vorbereitung auf die Abschlussprüfung

1 Was wird in der „Zentralen Prüfung 10" (ZP 10) erwartet?

Die „Zentrale Prüfung 10" (ZP 10) unterscheidet sich in ihrem Ablauf gar nicht so sehr von einer Klassenarbeit – und mit Klassenarbeiten hast du ja schon eine Menge Erfahrung. Einen wichtigen Unterschied gibt es aber: Eine Klassenarbeit wird von deinem Lehrer oder deiner Lehrerin entworfen und bewertet. Lehrer möchten meist wissen, wie gut du den Unterrichtsstoff der vorangegangenen Wochen beherrschst. Die ZP 10 wird dagegen nicht von deinem Lehrer oder deiner Lehrerin entworfen, sondern von Menschen, die dich, deine Klasse, deine Schule und deinen Englischunterricht gar nicht kennen können. Diese Menschen möchten gar nicht wissen, was du in den vergangenen Wochen im Englischunterricht gemacht hast, sondern sie möchten herausfinden, wie gut du Englisch kannst. Dazu haben sie zunächst einmal im sogenannten „Kernlehrplan" festgehalten, was ein Schüler oder eine Schülerin am Ende der Klasse 10 eigentlich können müsste – und jetzt stellen sie eben fest, wie das bei dir ist.

1.1 Der Kernlehrplan

Was ein Schüler oder eine Schülerin der Klasse 10 im Fach Englisch eigentlich können müsste, ist also im „Kernlehrplan" festgelegt. Vieles von dem, was dort aufgeschrieben ist, wird dir wenig sagen – der Kernlehrplan ist ja auch eher dazu gedacht, dass deine Lehrer wissen, was sie unterrichten müssen. Damit du dich richtig auf die ZP 10 vorbereiten kannst, kann es dir vielleicht aber helfen, wenn du ein wenig darüber weißt, wie der Kernlehrplan aufgebaut ist. Die Frage, wie gut du Englisch können sollst, ist im Kernlehrplan nämlich unterteilt in fünf Fragen:
– Wie gut musst du Englisch lesen können (Leseverstehen)?
– Wie gut musst du Englisch hören können (Hörverstehen)?
– Wie gut musst du Englisch schreiben können?
– Wie gut ist dein Wortschatz?
– Und wie gut musst du Englisch sprechen können?
Es geht also weniger um dein konkretes Wissen (wie z. B.: Auf welcher Straßenseite fahren die Autos in England?), sondern um deine Fähigkeiten, darum, wie gut du Englisch hören, lesen, sprechen und schreiben kannst. Und genau das will die ZP 10 feststellen.

> **INFO** Kernlehrplan
>
> Es geht weniger um Kenntnisse als um Fähigkeiten, und zwar in den Bereichen
> – Leseverstehen
> – Hörverstehen
> – Wortschatz
> – Schreiben (und Sprechen).

1.2 Die Vorgaben

Die Themen, um die es dabei geht, werden jedes Jahr neu festgelegt und deiner Schule frühzeitig mitgeteilt, sodass deine Lehrer genau wissen, worauf sie besonders eingehen sollen. Diese „Vorgaben" sind sehr allgemein gehalten und sagen dir eigentlich mehr darüber, was du nicht brauchst, als darüber, was du brauchst. Für das Jahr 2024 wurde festgelegt, dass die Themen und Inhalte sich auf Großbritannien und Neuseeland beziehen (also nicht etwa auf Australien), und zwar in den Bereichen, die der Kernlehrplan für die Jahrgangsstufe 10 auflistet. Wenn man dort nachliest, findet sich eine auf den ersten Blick erdrückend wirkende Liste von Themen und Inhalten. Davon solltest du dich jedoch nicht abschrecken lassen.

Bei genauerer Betrachtung wird nämlich schnell deutlich, dass es sich um genau die Themen und Inhalte handelt, die du in den vergangenen Jahren im Unterricht bearbeitet hast und die du auch in deinem Lehrbuch findest. Kein Wunder! Denn die Lehrbücher werden vom Ministerium genehmigt und müssen daher auch die Inhalte des Kernlehrplans umfassen. Es geht ja, wie bereits gesagt, weniger darum, deine Kenntnisse über Großbritannien, Neuseeland oder die USA zu überprüfen, sondern darum, deine Fähigkeiten festzustellen, Englisch zu verstehen und zu produzieren.
Du brauchst dir also keine großen Sorgen darum zu machen, dass du mit unbekannten Themen und Inhalten konfrontiert werden wirst. Wenn du die Beispieltests durcharbeitest, wirst du sehen, dass die inhaltlichen Ansprüche gar nicht so hoch sind.

INFO zu den Themen

1. Die Themen beziehen sich auf Großbritannien und Neuseeland.
2. Es geht um typische Lehrbuchthemen:
   – Freizeit, Freundschaft, Liebe
   – Schule
   – Gesellschaft (Umwelt, Menschenrechte, …)
   – Berufswahl
   – Medien/Mediennutzung

1.3 Zum Aufbau der ZP 10

Du kannst dir sicher vorstellen, dass es sehr schwierig wäre, alle Schüler des 10. Jahrgangs aller Schulen in NRW mündlich zu prüfen. Dieses Problem haben die Tester bisher auch noch nicht lösen können. Ein Glück für dich, denn du hast es deshalb „nur" mit den Bereichen Hörverstehen, Leseverstehen, Wortschatz und Schreiben zu tun.

Die Prüfung besteht aus zwei Teilen.
Der erste Prüfungsteil Hörverstehen dauert 20 Minuten. Für den zweiten Prüfungsteil (Leseverstehen, themenbezogener Wortschatz und Schreiben) sind 100 Minuten vorgesehen. Zusätzlich werden 10 Minuten Bonuszeit für den zweiten Prüfungsteil gewährt.
Wir haben die Prüfungen in Teil B dieses Buches entsprechend aufgebaut. In der Vergangenheit wurde der Aufbau der Prüfungsteile schon mal verändert, inhaltlich blieb dann aber alles unverändert. Selbst wenn sich die Prüfungsteile doch noch kurzfristig verschieben sollten, muss dich das nicht irritieren. Du musst dich einstellen auf eine Gesamtprüfungszeit von 120 Minuten (plus 10 Minuten Bonus zum Überarbeiten).

Nun zu den beiden Prüfungsteilen im Detail:
Im **ersten Teil der Prüfung** wird das Hörverstehen überprüft. Dazu werden dir zunächst mehrere Hörtexte vorgespielt und Aufgaben dazu vorgestellt, zu denen du dann jeweils in einem Fragebogen die richtigen Lösungen angeben sollst. Da es hier ausschließlich darum geht festzustellen, ob du den Text verstanden hast (und nicht darum, ob du zu dem Text etwas schreiben kannst), wirst du in der Regel dazu aufgefordert, aus einer Liste denkbarer Lösungen die deiner Ansicht nach richtige anzukreuzen (Multiple-Choice-Aufgabe). Andere Möglichkeiten sind, dass du einen Lückentext füllen sollst *(fill in the correct answer)* oder die Informationen in zwei Listen richtig zuordnen sollst *(matching)*. Diese Art von Aufgaben sind dir sicherlich nicht neu. **Aber Vorsicht:** Lass dich nicht täuschen! Oft sind die Antwortmöglichkeiten bei **Multiple-Choice-** oder *matching*-Aufgaben so ähnlich, dass man leicht etwas Falsches ankreuzt, wenn man nicht genau hinschaut. Also: Ruhe bewahren und die Antwortmöglichkeiten genau lesen, bevor du etwas ankreuzt oder einträgst!

INFO Aufgabentypen 1

Zur Überprüfung des Hör- oder Leseverstehens werden in der Regel folgende Arten von Aufgaben verwendet:
1. **Multiple Choice** (= tick the correct answer)
2. **Gap filling** (= fill in the correct answer)
3. **Matching** (= choose the correct answer from list A for the speakers in list B)

Achte bitte auch darauf, dass es nicht darum geht, was du zu einer Fragestellung weißt oder denkst, sondern ausschließlich darum, was in dem Hörtext genannt wird.

Ein Beispiel: Bei einer Frage geht es um die Gefahren von zu intensiver Computernutzung. In den Antwortmöglichkeiten findest du Punkte wie a) es kann zu einer Verkrümmung der Wirbelsäule führen, b) man verdummt und c) man bekommt nicht genug frische Luft. Du denkst dir dann wohl, dass alle Möglichkeiten richtig sind und möchtest a, b und c ankreuzen. Im Text ging es aber nur darum, dass jemand darüber spricht, dass Menschen heutzutage zu wenig an der frischen Luft sind, weil sie zu lange vor dem Computer sitzen. Dann ist bei dieser Frage nur Antwort c richtig, weil nur dieser Aspekt genannt wurde.

Der zweite Prüfungsteil umfasst Leseverstehen, Wortschatz und Schreiben.

Für das Leseverstehen gilt im Grunde dasselbe wie für das Hörverstehen: Dir wird ein Text vorgelegt, zu dem dir dann Aufgaben gestellt werden, durch deren Lösung du nachweisen sollst, dass du den Text verstanden hast. In der Regel sind dies Lückensätze oder Multiple-Choice-Aufgaben. Der einzige Unterschied zu den Aufgaben beim Hörverstehen ist der, dass du etwa beim Multiple-Choice deine Wahl begründen sollst, etwa dadurch, dass du schreibst ... *because the text says that* _____ .
Auch hier gilt: Ruhe bewahren und genau hinsehen!

Es folgt in der Regel eine Reihe von Aufgaben, die deinen Wortschatz überprüfen sollen. Die Aufgabentypen sind auch hier, wie bei Hör- und Leseverstehen, in der Regel *gap filling, multiple choice* oder *matching.* Denkbar ist auch, dass du aufgefordert wirst, eine themenbezogene *mindmap* zu erstellen. Die einzelnen Aufgaben orientierten sich in den vergangenen Jahren jeweils an einem aktuellen Thema, etwa „digital footprint" oder „COVID". Im Kapitel A 5 „Wortschatzerweiterung – Wortfelder" (ab S. 38) erfährst du, wie du zur Vorbereitung deinen Wortschatz gezielt erweitern kannst und in den Testbeispielen findest du entsprechende Aufgaben (s. S. 52, 70, 89 und 109).

Ausgangspunkt für das Schreiben ist dann wieder ein Text, zu dem dir in der Regel drei Aufgaben gestellt werden. Die erste Schreibaufgabe hat mit dem Inhalt zu tun, die zweite bezieht sich auf die Form und die dritte, bei der du in der Regel zwischen zwei Aufgabenstellungen wählen kannst, fordert dich auf, zu einem Aspekt des Textes Stellung zu nehmen. Genaueres zu den Schreibaufgaben und dem cleveren Umgang damit erfährst du im Kapitel A 4 „Schreiben" ab Seite 31.

INFO Aufgabentypen 2

Zur Überprüfung deiner Schreibfähigkeit werden dir in der Regel drei Aufgaben gestellt:
1. **Inhalt** des Ausgangstextes: *describe*
2. **Form** des Ausgangstextes: *analyse, compare, explain*
3. **Stellungnahme** zum Text: *discuss, explain*

1.4 Zum Aufbau dieses Buches – und zum Umgang damit

Dieses Arbeitsbuch wird dir dabei helfen, dich mit den Anforderungen vertraut zu machen und dich gezielt auf die Prüfung vorzubereiten.

In **Teil A** wirst du dich intensiv mit den vier für die Prüfung wichtigen Bereichen Leseverstehen, Hörverstehen, Wortschatz und Schreiben beschäftigen und Übungen finden, die dir helfen werden, deine Fähigkeiten in diesen Bereichen zu verbessern. Es ist wichtig, dass du dir wirklich Zeit nimmst, die Übungen systematisch und gründlich durchzuarbeiten.

Nimm dir nicht zu viel auf einmal vor, sondern konzentriere dich auf jeweils eine Aufgabe. Wenn du diese gelöst hast, schau dir die Lösungen im Lösungsheft an. Du solltest diese aber nicht einfach „abhaken", sondern genau überprüfen, was du richtig gemacht hast – und was noch nicht so gut geklappt hat. Wenn du „Fehler" gemacht hast, dann lies den entsprechenden Abschnitt nochmals durch und mach dir klar, wie diese „Fehler" entstanden sind. Erst wenn du das tatsächlich verstanden hast, hast du auch etwas gelernt.

In **Teil B** folgen Testaufgaben, in denen du deine Fähigkeiten im Zusammenhang erproben und üben wirst. Diese sind so aufgebaut, dass die in den Vorgaben und im Kernlehrplan genannten inhaltlichen Bereiche berücksichtigt sind. Du wirst also feststellen, bei welchen Themen du dich sicher fühlst und wo du eventuell noch an deinem Wortschatz arbeiten solltest.

Manche Aufgabentypen kommen nicht in allen Jahren vor. Das macht aber nichts. Alle Aufgaben helfen dir, Hör- und Leseverstehen zu üben, deinen Wortschatz sinnvoll einzusetzen und zu erweitern und Texte zu verfassen.

Wenn du dich mit den Beispieltests beschäftigst, solltest du versuchen, diese möglichst unter denselben Bedingungen zu bearbeiten, wie sie dann auch im „Ernstfall" wären. Halte dich möglichst genau an die Zeitvorgaben, insbesondere bei den Hörverstehensaufgaben. Nur so kannst du wirklich feststellen, wie du mit der Zeit und den Anforderungen zurechtkommst. Die Checkliste unten solltest du jedes Mal durchgehen, bevor du dich mit einem der Tests beschäftigst.

Befolge die Arbeitsschritte, die hier im TIPP genannt werden. Anfangs werden dir in diesem Buch noch recht viele Hilfen zu den Aufgaben gegeben. Diese werden dann nach und nach reduziert, damit du immer selbstständiger an die Aufgaben herangehst. Es ist also sinnvoll, dass du die Aufgaben nacheinander bearbeitest.

Am Ende steht der Originaltest aus dem Jahr 2022, den du dann ohne weitere Hilfestellung bearbeiten sollst. Wenn du dieses Buch gründlich durchgearbeitet hast, wird das kein Problem sein – und du bist fit für die ZP 10.

TIPP Arbeitsschritte

Schritt 1:
Bearbeite einen Test innerhalb der 120 Minuten – und lass ihn dann liegen.
Schritt 2:
(eventuell am nächsten Tag):
Vergleiche deine Lösungen mit den Beispiellösungen im Lösungsheft.
Schritt 3:
Wenn du Fehler gemacht hast: Schau dir die Aufgabenstellung und deinen Lösungsweg noch einmal genau an. Wenn du aus deinen Fehlern lernen möchtest, musst du versuchen herauszufinden, wie ein Fehler entstanden ist, damit du denselben Fehler nicht noch einmal machst. Fang auf keinen Fall mit dem nächsten Test an, bevor du dir sicher bist. Wenn du das selbst nicht feststellen kannst, kannst du bestimmt deinen Lehrer oder deine Lehrerin fragen.

CHECKLISTE

1. Nimm dir Zeit.
In der Prüfung werden dir 120 Minuten zur Verfügung stehen, 20 Minuten für das Hörverstehen (Teil 1) und 100 Minuten für den Rest (Teil 2). Du solltest also einen Test nur beginnen, wenn du auch 120 Minuten – möglichst ohne Unterbrechung – daran arbeiten willst und kannst. Halte dich möglichst genau an die Zeitvorgaben, insbesondere bei den Hörverstehensaufgaben. Versuche, mindestens 10 Minuten als Puffer für eine Überarbeitung einzuplanen. Diese 10 Minuten Bonuszeit wirst du auch in der Prüfung haben.

2. Wähle einen passenden Ort.
Wähle einen Ort, an dem du davon ausgehen kannst, dass du dort mindestens 120 Minuten lang störungsfrei arbeiten kannst.

3. Bereite deinen Arbeitsplatz vor.
Du benötigst:
– dieses Buch,
– Stifte,
– eine Uhr,
– für die Hörverstehensaufgaben Zugang zum Internet und zur Seite finaleonline.de
– und **sonst nichts!** (kein Handy, keine Bücher oder Hefte, …, nichts, was dich ablenken könnte).

2 Leseverstehen

2.1 Arbeitstechnik: Vorwissen aktivieren

Es geht hier um eine Arbeitstechnik, die du automatisch anwendest, wenn du in deiner Muttersprache liest. Meistens merkst du es nicht einmal. Beim Lernen einer Fremdsprache konzentriert man sich oft auf Dinge wie z. B. unbekannte Vokabeln oder schwierige Grammatik. Dadurch denkt man häufig nicht an Selbstverständlichkeiten wie beim Textverstehen in der Muttersprache. Es erleichtert in der Mutter- wie in der Fremdsprache das Verstehen, wenn du vor dem Lesen darüber nachdenkst, was du von dem Text erwartest, den du lesen sollst.

Schau also auf den **Titel** und überlege, worum es wohl in dem Text geht. Dabei helfen auch eventuell vorhandene **Bilder.** Es kann auch nützlich sein, wenn du dir ansiehst, woher der Text kommt oder was für eine **Art von Text** es ist.

Beispiel 1:

Dir liegt ein Text mit dem Titel „Boomerang" vor. Er könnte auch ein Foto des betreffenden Gegenstandes enthalten. Du hast ihn in einem Sachlexikon wie z. B. *Wikipedia* oder *Encyclopedia Britannica* gefunden. Nun weißt du schon einiges: Du hast den Titel und das Bild (du identifizierst den Gegenstand) und du hast die Quelle. In einem Sachlexikon findest du Einträge zu den verschiedensten Themen. Du weißt also, dass es sich um eine Beschreibung des Gegenstandes handeln muss.

Auf der Basis dieser Informationen, die du mit einem Blick erfassen kannst, weißt du, worum es in dem Artikel geht. Du kannst nun überlegen, was du alles schon über einen Bumerang weißt. Es fällt dir dann beim Lesen leichter, das schon Bekannte auch in der Fremdsprache zu verstehen. Als nächsten Schritt kannst du überlegen, welche englischen Begriffe du in diesem Zusammenhang schon kennst oder in dem Text erwartest, z. B. *wood, stick, weapon, sport, throw, return, shape.* Mit diesem Vorwissen und diesen Erwartungen ist es nicht mehr so schwer, den folgenden Text zu verstehen:

Boomerang

A boomerang is most generally known as a weapon used originally by Australian aborigines for hunting, and sometimes also for fighting. Boomerangs are curved pieces of wood (or today sometimes of other materials) varying in length from half a metre to two metres. They are so formed that when held at
5 one end and vigorously[1] thrown, they fly in an elliptical path that eventually brings them back to the thrower.

Although Australian aborigines were the most common users of boomerangs, they were not the only ones. There is evidence that the weapon was also known to ancient Egyptians and Native Americans. Nor is the 'returning' boomerang
10 described above the only kind: some boomerangs used as weapons fell to the ground once they had hit their prey[2] – or their enemy.

Boomerangs are often decorated with special tribal[3] patterns or other traditional designs. Today, most commercially marketed – or privately carved[4] – boomerangs are used only for fun and recreation, although some are used
15 in special boomerang-throwing sports competitions.

---

1 vigorous – strong, energetic

2 prey – animal that is hunted

3 tribal – adjective of tribe

4 to carve – dt.: schnitzen

Quelle: Wenn du einen Text zur Bearbeitung bekommst, steht an dieser Stelle, woher der Text stammt.

Beispiel 2:

Nun folgt ein völlig anderes Beispiel, das dir zeigen soll, wie wichtig Titel und Art des Textes für das Verstehen sein können. Was denkst du, worum es geht, wenn du folgenden Text liest?

> The all-Indian basketball tournament was in
> its second day. Excitement was pretty high,
> because a lot of the teams were very good [...].

Es geht offensichtlich um ein Sportereignis („basketball tournament") und es scheint sich wohl um einen Artikel über dieses Turnier zu handeln. Man würde den Text also wahrscheinlich wie einen Zeitungsbericht lesen.

Doch wer spielt hier eigentlich? Das Wort „Indian" kann im Englischen sowohl für Inder wie für Indianer stehen. Da ist es wichtig zu wissen, dass diese Sätze aus einer <u>amerikanischen</u> Kurzgeschichte stammen. Der Blick auf die Quelle lässt die Leser also nicht an Indien denken, sondern an ein Sportereignis in den USA, wie man es jederzeit in den Massenmedien findet.

Die Tatsache, dass es sich aber um eine Kurzgeschichte handelt, die sich in einer Sammlung von Geschichten aus dem Jahr 1991 befindet, bedeutet auch: Es kann nicht um etwas Aktuelles gehen, also etwa um Mannschaften, die man vielleicht kennt, oder um Ergebnisse und Tabellenstand. Wenn man sich das klar macht, schaut man genauer auf den Titel, als man es vielleicht sonst tun würde. Er lautet: „Only Approved Indians Can Play: Made in the USA". Da man weiß, dass es sich nicht um einen Zeitungsartikel handelt, der über ein Ereignis informieren will, sondern um einen literarischen Text, den man eher zum Vergnügen liest, achtet man genauer auf die Formulierungen und nicht allein auf den Inhalt. Man fragt sich, was eigentlich „approved Indians" sind. „Approve" bedeutet, jemanden anerkennen oder ein Produkt genehmigen. Die Zusammensetzung mit „Indianern" ist eigentlich seltsam, vielleicht denkt man aber auch schon an die Rassenprobleme in den USA. Die Formel „made in" passt dagegen gut zu „approve", wenn man an ein Produkt denkt. Werden hier Indianer als Produkt gesehen, *made in the USA?* Und dann reimt sich das Ganze noch: <u>play</u> – <u>USA</u>. Man hat den Eindruck: So ganz ernst kann das nicht gemeint sein. Hat man das alles schon vor dem eigentlichen Lesen herausgefunden, versteht man den Text natürlich anders als ohne diese Überlegungen.

TIPP

Bevor du anfängst zu lesen, kannst du dich auf den Text vorbereiten:
1. Lies die Überschrift und alle weiteren Angaben zum Text. Worum geht es?
2. Wenn dir das Thema klar ist, vergegenwärtige dir dein Vorwissen dazu.
3. Schau dir an, um was für eine Art von Text es sich handelt. Was erwartest du von einem solchen Text?
4. Überlege dir, welche Wörter in diesem Text vorkommen könnten.

Aufgrund des Titels, der Quelle und der Textsorte bist du dir nun darüber im Klaren, was du von dem Text erwartest. Jetzt ist es sinnvoll, den Text zunächst einmal als Ganzes zu lesen, um zu klären, ob er deine Erwartungen erfüllt oder ihnen widerspricht. Deshalb lautet in den zentralen Prüfungen auch die erste Aufgabe: „Read the text". Du musst dabei nicht jedes Wort verstehen, denn es geht ja um den Gesamteindruck. Mache dir also keine Gedanken um unbekannte Wörter, die in den Anmerkungen nicht erklärt sind. Sie sind für das Gesamtverständnis nicht wichtig.

Training zu 2.1: Vorwissen aktivieren

Versuche es einmal selbst mit einem anderen Text.
Stell dir vor, du bekommst als Prüfungsaufgabe einen Text mit dem Titel „Nurse", der aus einer Informationsbroschüre für Schülerinnen und Schüler, die sich über Berufe informieren wollen, stammt.

1. Worum geht es in dem Text deiner Ansicht nach?

    _____

    _____

2. Was weißt du schon zu diesem Thema? Notiere stichpunktartig.

    _____

    _____

    _____

    _____

3. Welche englischen Wörter könnten im Text vorkommen? Notiere sie.

    _____

    _____

    _____

TIPP

Das, was du hier zum Training notierst, musst du so automatisieren, dass es in Zukunft auch ohne Aufschreiben in deinem Kopf abläuft.

4. Nun lies den Text:

Nurse

Nurses are specially trained to care for the sick and injured, or more generally to give advice and support in many different healthcare areas and situations. They work alongside doctors in hospitals and medical and dental centres, and in teams with other healthcare workers in community clinics and in patients'
5 homes.
Nursing is a key medical profession, and training takes place in hospitals and universities. Especially in hospitals, nursing has many different specialities, for example intensive care nurse, children's nurse, or operating theatre[1] nurse. There are also various ranks within the nursing profession, from staff nurse
10 through charge nurse or ward manager to the head nurse in a hospital.
Nursing started as a special profession in the mid-19th century, when an Englishwoman, Florence Nightingale, went to look after soldiers wounded in the Crimean War[2]. For the next century it was typically a woman's profession (and one of only a few), but since about the mid-20th century it has also
15 been open to men.

Nurses are often more directly involved with patients than are doctors, which for many people is a reason for choosing this profession rather than studying medicine.
Especially today, at a time of global pandemic, the world does not have enough nurses to keep people healthy and to look after all the sick.

20

1 **operating theatre** – dt.: Operationssaal

2 **Crimean War** – dt.: Krimkrieg (1853–56)

5. Überprüfe, ob sich bestätigt, was du im ersten Schritt vermutet hast. Sollte das nicht der Fall sein, so überlege, warum du etwas anderes vermutet hast und ob deine Erwartungen an einen Text mit diesem Titel und der Textsorte „Informationsbroschüre" wirklich sinnvoll waren.

2.2 Arbeitstechnik: Gemäß Aufgabenstellung lesen

Nachdem du deinen Prüfungstext zum ersten Mal gelesen hast, schau dir die Aufgaben und Fragen sorgfältig an. Es ist sehr wichtig zu verstehen, wonach genau gefragt ist. Geht es z. B. darum, **gezielt nach konkreten Informationen zu suchen oder bestimmte Fakten aus dem Text zu entnehmen,** musst du an der entsprechenden Textstelle nachlesen und die gemeinte Information erkennen. Dabei kann es dir helfen, wenn du die Textstelle oder die Wörter markierst, die hier wichtig sind.

Wenn bei dem Lexikoneintrag über den Bumerang (S. 12) z. B. gefragt würde „Where were boomerangs used?", musst du im Text gezielt nach Informationen zu Ländern und/oder Kulturen suchen. Zudem zeigt die Zeitform des Verbs („were … used") an, dass nach der Vergangenheit gefragt wird. Die Frage ist also klar und eindeutig. Wahrscheinlich weißt du ohnehin, dass der Bumerang von den Ureinwohnern in Australien benutzt wurde. Das findest du dann auch sogleich im ersten Satz bestätigt. Im zweiten Absatz gibt es Informationen zu weiteren Ländern bzw. Kulturen, wo der Bumerang verwendet wurde. Du kannst also zusätzlich zu den „Australian aborigines" noch „ancient Egyptians" und „Native Americans" markieren und so die Frage beantworten. Auch im letzten Absatz gibt es Hinweise, doch beziehen die sich auf die Gegenwart (Today), danach ist nicht gefragt.

Nun stelle dir vor, es wird gefragt „How was a boomerang used?" Wichtig ist es zunächst, die Frage genau zu verstehen. Es geht hier nicht nur um das Auffinden einer einzelnen Information, sondern die Frage „how" kann sowohl die Funktionsweise als auch den Zweck des betreffenden Gegenstandes beinhalten. Um die Frage zu beantworten, musst du also unterschiedliche Informationen des Textes verstehen und zusammenbringen, du musst Zusammenhänge verstehen.

Im ersten Satz findest du den Hinweis auf „hunting" und auf „fighting". Damit hast du zwei Verwendungszwecke gefunden. Doch wie steht es um die Funktionsweise eines Bumerangs? Diese wird an zwei unterschiedlichen Stellen im Text beschrieben. Das Ende des ersten Absatzes liefert die erste Beschreibung, die dir wahrscheinlich auch bekannt ist. Doch der zweite Absatz stellt dar, dass es eine weitere Funktionsweise gibt, nämlich den Typ des nicht-zurückkehrenden Bumerangs, der, wenn er sein Ziel getroffen hat, dort liegen bleibt. So kannst du schließlich umfassend auf die Frage antworten.

Lies die Fragen zum Text genau: Was wird von dir erwartet?

– Sollst du gezielt nach konkreten Informationen suchen?

– Sollst du Zusammenhänge verstehen?

– Sollst du die Gesamtaussage oder die zentrale Aussage verstehen?

Es kann auch sein, dass danach gefragt wird, ob du die **Gesamtaussage oder die zentrale Aussage eines Textes** verstanden hast. Der folgende Satz des Amerikaners Robert Orben ist zunächst einmal sehr einfach zu verstehen:

"Do your kids a favor - don't have any."

Überlege dir nun, wie du folgende Frage beantworten würdest: "Does the speaker like the other person? Yes or no?"

Du musst hier verstehen, was das für ein Gefallen ist, den der/die andere seinen/ihren Kindern tun soll. Wenn er/sie besser keine Kinder haben sollte, bedeutet dies, dass er/sie ein schlechter Vater oder eine schlechte Mutter wäre. So etwas sagt man nur, wenn man den/die Angesprochene(n) nicht besonders gut leiden kann.

Training zu 2.2: Gemäß Aufgabenstellung lesen

Übung 1:

Damit du den ersten Schritt nicht vergisst, wende Arbeitstechnik A 2.1 (S. 12) auf die Angaben zum dann folgenden Text an:

Titel: "London's dark waters – the River Thames"

Textsorte: Artikel aus einer Zeitschrift

Lies nun den Text und überlege, ob er deine Erwartungen erfüllt.

London's dark waters – the River Thames

Every part of the Thames tells a story of the city's past. The Tudors[1] skated on it, the Victorians[2] used it as a toilet. And it was the setting of a James Bond boat chase – London's famous river, the Thames. Kings and queens have travelled on it. On Sunday 3rd June 2012, Queen Elizabeth II sailed down the River Thames on a luxury boat decorated with 10,000 flowers among a majestic flotilla of 1,000 boats to mark her 60 years on the British throne.

Today the river is a tourist attraction. Along its banks wonderful old palaces, cathedrals, glass skyscrapers, trendy restaurants and nightclubs can be seen. But the Thames is much more than fun and beauty. Without it, London might not even exist. Some historians believe that the Romans founded Londinium in the year 50 AD because they thought the river would make trade possible.

Over the centuries, the Thames has gone through many changes. Between 1400 and 1900, while Europe was in the grip of a mini ice age, London got so cold that the river froze over 23 times. In 1536, King Henry VIII went sleigh riding on the ice. Thirty years later, his daughter Elizabeth I took long walks on the frozen river. Later the river played a more serious role.

In 1666, the Great Fire of London destroyed thousands of houses and left 100,000 people homeless. Londoners escaped the fire on the river – many of them sitting in boats until it was over.

Less than two centuries later the river became a stink-bomb, caused by flush toilets[3]. During the Great Stink of 1858, the government fled the Houses of Parliament as the smell became unbearable during the hot summer. Thousands of people died of disease from the dirty water.

The name 'Thames' probably comes from a very old word meaning 'dark water' because of the river's muddy colour. But the Thames is dark in other ways, too. There is a dark, troubled side that some visitors to London do not know about. In the 17th and 18th centuries, the banks of the river at Wapping were known as Execution Dock, where murderers and robbers were hanged. The bodies of the most notorious pirates were left hanging in metal cages as a warning to others. Around this time the river got its own police force to keep it free from pirates. Pirates are not a problem any more, but the river police still have a hard job fighting crime.

On your next visit to London, if you take a walk along the Thames, you might see the river in a new light.
(443 words)

1 **Tudors** – The Tudor dynasty was a royal family in the 16th century.

2 **Victorians** – The people who lived during the reign of Queen Victoria (1837–1901)

3 **flush toilet** – Toilette mit Wasserspülung

Adapted from *Spot on* (5/2011), Spotlight-Verlag, Planegg/München

AUFGABEN

Deine Aufgabe ist, zu entscheiden, worum es bei den folgenden Fragestellungen geht (siehe Tipp auf Seite 16), und die Fragen dann zu beantworten. Markiere jeweils, was du für richtig hältst.

1 In 2012, Queen Elizabeth II celebrated her 60th birthday on the Thames. True or false?
Du sollst hier …

gezielt nach konkreten Informationen suchen. ☐
Zusammenhänge verstehen. ☐
die zentrale Aussage verstehen. ☐

2 Why was 1666 a terrible year for many people?
Du sollst hier …

gezielt nach konkreten Informationen suchen. ☐
Zusammenhänge verstehen. ☐
die zentrale Aussage verstehen. ☐

Was sollst du hier tun?
3 Tourists like the Thames because (tick the correct answer – there may be more than one) …
a) the water has a muddy colour. ☐
b) they can see famous sights from the river. ☐
c) they can walk on the ice in a cold winter. ☐
d) criminals were hanged at Execution Dock. ☐

Du sollst hier …
gezielt nach konkreten Informationen suchen. ☐
Zusammenhänge verstehen. ☐
die zentrale Aussage verstehen. ☐

4 The river played quite an important role in London's history. True or false?
Du sollst hier …

gezielt nach konkreten Informationen suchen. ☐
Zusammenhänge verstehen. ☐
die zentrale Aussage verstehen. ☐

Was sollst du hier tun?
5 The Thames was so dirty in the 19th century that (tick the correct answer – there may be more than one) …
a) many people became ill. ☐
b) the government left the Houses of Parliament. ☐
c) the river got its own police force to keep it clean. ☐
d) swimming was forbidden. ☐

Du sollst hier …
gezielt nach konkreten Informationen suchen. ☐
Zusammenhänge verstehen. ☐
die zentrale Aussage verstehen. ☐

Versuche nun, das, was du bisher gelernt hast, auf eine *matching*-Aufgabe anzuwenden, wie sie auch in den zentralen Prüfungen vorkommt:

Übung 2:
The following people are looking for a job. Who might be interested in which of the jobs in the advertisements? Read the descriptions of the people and of the jobs, then decide who will apply for which job.

Sue Person, 32
Lives in Linlithgow, Scotland, and has had a part-time job as a secretary for the last 10 years. Now that all her children are old enough, she is looking for a full-time job.

Annie Hamilton, 47
Lives between Edinburgh and Linlithgow in Scotland and has worked as a secretary and accountant for a catering company in Edinburgh for more than 20 years. Now she has lost her job because the company has gone bankrupt. She cannot do without a job because the family must still pay for their house.

Jerzy Borowski, 38
Originally from Poland, he lives in Hamburg now, where he works in one of the best restaurants as a cook. Before, he worked in several restaurants in Germany, Italy and France with famous chefs. He speaks Polish, Italian, French, German and English. He would like to earn more money and to have a more responsible position.

Karen Johnston, 25
Lives in Falmouth in the south of England. She has been married for two years and her first child is due in four months. She has been working as a personal secretary with a computer company in Truro for the last three years. Now she would like to have a part-time job closer to her home.

Ryan Simpson, 42
Lives in Deal in the south of England and has been working in a beauty shop for 15 years. He would like to move to the north and is looking for a job in the north of England or in Scotland.

The job offers

No 1:

Sue Wilson
Face and body spa[1] for men & women
Requires
Experienced Beauty Therapists & an
Experienced Nail Technician in gel and acrylic nails

Excellent working conditions

Applications with CV to:
Mrs Sue Wilson, 49 Seabank Road, Nairn IV12 4HG, Scotland

---

1 **spa** – commercial establishment providing facilities devoted especially to health, fitness, weight loss, beauty and relaxation

No 2:

The Kingfisher   Falmouth
Hotel & Restaurant   Cornwall TR10 9ED
                                                                  01326 521507

16 bedroom, 2 rosette[1], privately owned, award winning restaurant Country House Hotel on the outskirts[2] of Falmouth half a mile from superb beaches. The principal object of the hotel and restaurant is high quality and complete guest satisfaction.
We are looking for a SOUS CHEF RESPONSIBLE TO THE EXECUTIVE CHEF This is a job which requires a person who pays attention to detail and has a creative flair. Applicants must have experience in a 1 rosette (or 1 Michelin star) or higher establishment. Excellent communication skills and a passion for food and the desire to push standards to an even higher level would be an attractive quality.
In return you will receive an excellent salary, meals on duty, holidays and excellent career progression.
To apply for this exciting opportunity, either apply in writing with CV or apply by e-mail to kingfisherhotel@aol.com

1 rosette – In Britain, excellent restaurants are awarded one or more rosettes (like for example Michelin stars).

2 outskirts – away from the centre

No 3:

**Part Time/Casual Secretary Typist Accounts Clerk required
near Linlithgow, West Lothian, Scotland
12/13 hours p.w. flexible
Must be competent typist & computer literate
Tel: 01506 740204**

Who might apply for which job?

Job no 1: _____

_____

Job no 2: _____

_____

Job no 3: _____

_____

A 2.3 Arbeitstechnik: Wörter erschließen

Wenn du Texte in einer Fremdsprache liest, wird es immer wieder vorkommen, dass du auf Wörter triffst, die du nicht kennst. Das kommt sicher auch gelegentlich in deiner Muttersprache vor, ist also etwas ganz Normales. Zunächst einmal ist es wichtig, wenn du also ein unbekanntes Wort liest, Ruhe zu bewahren, nicht in Panik zu geraten. Oft ist es überhaupt nicht wichtig, jedes Wort zu verstehen, weil man den Gesamtzusammenhang auch ohne dieses Wort versteht.

> **TIPP**
>
> Ruhe bewahren!!!

Ein Beispiel:

> Nursing is a key medical profession, and training takes place in hospitals and universities. Especially in hospitals, nursing has many different specialities, for example intensive care nurse, children's nurse, or operating theatre nurse. There are also various ranks within the nursing profession, from staff nurse through charge nurse or ward manager to the head nurse in a hospital.

Möglicherweise kennst du das Wort „ward" in der letzten Zeile nicht. Das stellt aber kein Problem dar, weil es sich hier um ein Glied einer Aufzählung der unterschiedlichen Aufgabenbereiche handelt, die im einzelnen nicht wichtig für das Verstehen des Textes sind.

Manchmal allerdings ist ohne ein bestimmtes Wort die Information, die du gerade suchst, nicht zu entschlüsseln. In der Prüfung steht dir kein Wörterbuch zur Verfügung, aber auch sonst ist es lästig und zeitaufwändig, Wörter im Lexikon nachzuschlagen. Oft ist das auch gar nicht notwendig, weil du mit dem Wissen, das du hast, oder mit dem, was du schon verstanden hast, die Bedeutung von einzelnen unbekannten Wörtern erschließen kannst. Du musst nur Ruhe bewahren und einen Augenblick nachdenken.

Häufig hilft es schon, den ganzen Satz oder auch mehrere Sätze zu lesen, um das betreffende Wort zu verstehen. So funktionieren ja auch Lückentexte, die du aus dem Unterricht sicherlich kennst und in denen du Wörter in eine Lücke einträgst, weil du den Zusammenhang verstehst. Genauso kannst du auch **die Bedeutung eines Wortes aus dem Zusammenhang erschließen,** geradeso, als wäre an dieser Stelle eine Lücke. Damit lernst du zugleich auch das englische Wort, wenn du die Bedeutung aus dem Zusammenhang verstanden hast.

Versuche es einmal mit dem folgenden Ausschnitt aus einem Brief, den ein englischer Junge von einem Auslandsaufenthalt in Neuseeland schreibt. Sicher kannst du dir vorstellen (ob deutsch oder englisch ist hier eigentlich egal), was in den Lücken stehen muss:

> The family I'm (1) _____ with are nice people and they live in a
>
> fantastic (2) _____. It is very large, comfortable, in a quiet part of
>
> the city, but not too far from the centre. I have my (3) _____ bedroom.
>
> There are four (4) _____ in the family, three girls and one boy, all of them
>
> teenagers. The eldest, Nick is at university. He wants to (5) _____
>
> a doctor. The others still go to (6) _____, like me. Nina is the
>
> youngest, (7) _____ is thirteen.

LÖSUNGSHILFEN

Falls du bei einigen Lücken Schwierigkeiten haben solltest, denke nicht nur an die Bedeutung. Manchmal hilft auch ein Blick auf den Aufbau des Satzes. Hier sind einige Hilfen (du solltest natürlich immer den Zusammenhang beachten):

1 Das der Lücke vorangehende „I'm" zeigt, dass nun ein Verb mit der Endung „ing" folgen muss *(present progressive).*

2 Nach „in a fantastic" muss unbedingt ein Nomen kommen.

3 Zwischen „my" und „bedroom" kann nur ein Adjektiv stehen.

4 Nach „four" folgt ein Nomen im Plural.

5 Nach „wants to" kann nur ein Verb kommen.

6 Es geht hier um die Kinder, die jünger sind als Nick. Nick studiert, die anderen machen noch („still") etwas anderes. Welches Nomen ist das einzig sinnvolle nach „go to"?

7 Dem Satzbau entsprechend fehlt hier das Subjekt, und zwar die Person, die 13 Jahre alt ist. Da wäre natürlich Nina möglich. Der Name war schon im Satz vorhanden und man versucht möglichst, Wiederholungen zu vermeiden. Das geht hier ganz einfach durch ein Personalpronomen. Welches passt?

Als nächsten Schritt geht es nun darum, den Sinn eines englischen Wortes aus dem Textzusammenhang zu erschließen. Lies die folgenden Sätze:

> I was seven. The war had been going on for
> three years then and my father was still away
> in France. I **barely** knew him.

Möglicherweise kennst du das Wort „barely" tatsächlich nicht, ansonsten nehmen wir einmal an, du kennst es nicht. Welche Möglichkeiten bietet dir der Textzusammenhang, die Bedeutung dieses Wortes zu erschließen?

Es geht offensichtlich um ein siebenjähriges Kind, dessen Vater seit drei Jahren Soldat im Krieg ist. Also kann das Kind den Vater in dieser Zeit nicht oft, wenn überhaupt, gesehen haben. Das Wort „barely" gibt eine Information zum Verb „know", es geht um das Kennen des Vaters („him"). Wie kann man einen Vater kennen, wenn man ihn seit drei Jahren praktisch nicht gesehen hat und erst vier war, als man zuletzt regelmäßig mit ihm Kontakt hatte? Folgende Möglichkeiten sind denkbar: gut, einigermaßen, nicht so gut, wenig, kaum, (gar) nicht. In unserem kurzen Text ist nur eine negative Aussage denkbar, also entweder „wenig" oder „kaum" oder „gar nicht". „Gar nicht" ist jedoch auch nicht sinnvoll, da das Kind den Vater im Alter von vier Jahren noch zu Hause hatte. Es passen also „wenig" oder „kaum".

Aber nicht nur der Zusammenhang bietet dir die Möglichkeit, ein Wort zu erschließen. Das Englische und das Deutsche sind verwandte Sprachen, und gar nicht so selten sind englische Wörter den deutschen ganz ähnlich. Sieh dir noch einmal den Text „Nurse" an (S. 14) und zähle, wie viele der englischen Wörter den deutschen Wörtern ähneln. Es sind etwa 20!
Hier nur einige Beispiele:

is – ist

study – studieren

situation – Situation

train – trainieren

patient – Patient

medicine – Medizin

university – Universität

operate – operieren

Du kannst also häufig die Bedeutung eines Wortes aus dem Deutschen erschließen.

Wenn du weitere Sprachen kennst, z. B. weil in deiner Familie eine andere Sprache (Italienisch, Griechisch, Türkisch usw.) gesprochen wird oder weil du **weitere Sprachen** in der Schule oder außerhalb lernst (z. B. Französisch), kannst du auch über diese Sprachen Verbindungen finden, denn auch hier gibt es Ähnlichkeiten.
Hierzu zwei Beispiele:
– Im Bumerang-Text taucht das Wort „tribe" („tribal", Zeile 12) auf. Im Französischen gibt es das gleiche Wort als „tribu".
– Im gleichen Text steht „originally" (erster Satz, von „origin"). Im Italienischen heißt das „origine".

Schließlich kannst du auch aus der Form von Wörtern auf ihre Bedeutung schließen, wenn es sich nämlich um Formen handelt, die aus anderen Wörtern abgeleitet sind, die du schon kennst:

– Zeile 2: originally – Oben waren wir schon auf das Ursprungswort eingegangen. Wenn du dieses kennst und aus dem Englischunterricht weißt, das man mit der Endung „-al" aus einem Nomen ein Adjektiv machen kann, verstehst du „original". Und du weißt sicher auch, dass die Endung „-ly" aus einem Adjektiv ein Adverb macht.
– In dem Artikel „London's dark waters" (Seite 17) erscheint in Zeile 28 der Begriff „unbearable". Du kennst vermutlich das Verb „to bear". Die Endung „-able" macht daraus ein Adjektiv und die Vorsilbe „un-" macht daraus wiederum das Gegenteil.

CHECKLISTE

Bei unbekannten Wörtern solltest du dir folgende Fragen stellen:
1. Kannst du das Wort aus dem Zusammenhang erschließen?
2. Kannst du das Wort aus der Muttersprache (oder einer anderen Sprache, die du kennst) erschließen?
3. Hilft dir deine Kenntnis von Wortbildungsregeln? Kennst du vielleicht ein ähnliches Wort?

Training zu 2.3: Wörter erschließen

Versuche nun, diese Techniken zur Erschließung von unbekannten Wörtern auf den folgenden Text anzuwenden. Lies zunächst den gesamten Text, um diesen Ausschnitt aus einer Geistergeschichte global zu verstehen. Wende dich erst danach den Wörtern zu, die du nicht kennst. Welche kannst du mithilfe der

Techniken in der Checkliste selbst erschließen? Falls du Schwierigkeiten hast, folgen einige Hilfestellungen nach dem Text. Schreibe die unbekannten Wörter auf ein Extrablatt und schreibe dann daneben, welche Bedeutung du vermutest.

He lay there in the darkness, paralysed with fear. He could hear the footsteps getting closer, knowing they were carrying something evil. He tried to move, to defend himself or make his escape, but his muscles wouldn't respond. He tried to shout but even his lungs wouldn't oblige. The footsteps had stopped
5 now; the door handle creaked as it turned. The door slowly opened, he saw the glint of the knife in the moonlight, and finally he cried out …
His mother woke him. He was covered in sweat, his heart pounding as if it would explode.
"I must have been having that nightmare again", he said.

Slightly adapted from: http://www.english-the-international-language.com/reading/reading2.html

LÖSUNGSHILFEN

- <u>Zeile 1</u>: paralysed – Versetze dich in die Lage des Jungen: Wie fühlt er sich? Das Wort „fear" gibt dir einen deutlichen Hinweis. Vielleicht kennst du auch das deutsche Wort „paralysiert" (= gelähmt)?
- <u>Zeile 2</u>: evil – Auch hier hilft dir der Sinnzusammenhang. Es muss um etwas Negatives gehen, da es Angst verursacht.
- <u>Zeile 3</u>: defend – Wiederum ist der Zusammenhang wichtig. Warum will er sich bewegen, um was zu tun? Und du kennst sicher das deutsche Wort „Defensive" (= Verteidigung).
- <u>Zeile 3</u>: respond – Was vermutest du: Was tun seine Muskeln in dieser Situation nicht? Wenn du Französisch lernst, kennst du wahrscheinlich das Verb „répondre". Das hilft dir auch weiter. Oder du kennst im Deutschen das Fremdwort „Respons" (= Reaktion).
- <u>Zeile 4</u>: lungs – Das deutsche Wort ist ganz ähnlich: Lunge!
- <u>Zeile 4</u>: oblige – Wenn du den Zusammenhang und den Satz genau betrachtest, siehst du, dass der Junge unterschiedliche Dinge versucht (sich verteidigen oder weglaufen im vorhergehenden Satz, schreien in diesem Satz). Dann folgt aber eine verneinte Aussage. Du weißt schon, dass die Muskeln nicht reagieren, also kannst du schließen, dass mit der Lunge Ähnliches geschieht, dass er also auch nicht schreien kann. „Oblige" ist also hier das Gleiche wie „respond", der Autor versucht nur, nicht zweimal dasselbe Wort zu benutzen.
- <u>Zeile 5</u>: handle – Im Zusammenhang mit „door" kann das nur die Klinke sein. Denke auch an das Verb „handeln", das aus dem Englischen entlehnt ist. Es bedeutet „etwas gebrauchen".
- <u>Zeile 5</u>: creak – Da es dunkel ist, muss es sich um ein Geräusch handeln. Welches Geräusch macht eine Türklinke?
- <u>Zeile 6</u>: glint – Im Mondlicht kann er etwas sehen, das von einem Messer herrührt. Was denkst du, was man im Mondlicht sieht? Es gibt zudem das deutsche Wort „glitzern".
- <u>Zeile 7</u>: pounding – Die Endung „-ing" zeigt dir, dass es nicht um das Nomen „pound" (= Pfund) geht, sondern um das Verb „pound", also um eine Tätigkeit. Im Zusammenhang mit dem Herzen ist offensichtlich, worum es geht.

3 Hörverstehen

Was für das Leseverstehen gilt, gilt für das Hörverstehen in besonderer Weise: Du musst eine Vorstellung davon haben, worum es in dem Hörtext wahrscheinlich gehen wird. Wenn du das weißt, ist es gar nicht mehr so wichtig, wenn du einzelne Wörter nicht verstehst.

Stell dir einmal vor, du hörst einen Satz wie „The drambo drongs grumpfly".

Nichts verstanden? Kannst du eigentlich auch nicht, weil es außer „The" keines dieser Wörter gibt. Aber hast du wirklich nichts verstanden? Deine Kenntnis der englischen Sprache sagt dir zumindest, dass es hier darum geht, dass irgendjemand oder irgendetwas („the drambo") etwas tut („drongs"), und das auf eine ganz bestimmte Art und Weise („grumpfly"). Wenn du nun wüsstest, dass es um Tiere in Australien geht und deren Art, sich fortzubewegen, könntest du annehmen, dass „drambo" ein Tier ist, das sich „grumpfly" (klingt irgendwie schwerfällig, oder?) fortbewegt. Du könntest also Fragen zu diesem Satz beantworten, ohne die Wörter zu kennen, weil du das Thema kennst und weil du weißt, wie ein englischer Satz normalerweise aufgebaut ist.

Ebenso wichtig wie das Thema ist auch, dass du weißt, was du eigentlich hören sollst, d. h., wonach du gefragt wirst. Da du jeden Hörtext in der Prüfung nur zweimal hören wirst und nicht wie bei einem Lesetext später nachlesen kannst, ist es von großer Bedeutung, dass du schon vorher genau weißt, worum es eigentlich geht.

Du solltest **drei verschiedene Arten von Hörverstehen** unterscheiden:
– selektives Hörverstehen
– globales Hörverstehen
– detailliertes Hörverstehen
Wie du sehen wirst, kann es dir eine große Hilfe sein, wenn du dir vor der Bearbeitung der jeweiligen Textaufgabe klarmachst, um welche Art des Hörens es geht.

3.1 Selektives Verstehen

Beim selektiven Hörverstehen geht es darum, aus einem längeren Hörtext die Antwort auf eine ganz bestimmte Frage herauszuhören. Du kennst das natürlich auch in der Muttersprache.

Wenn du z. B. wissen willst, ob du morgen mit deinen Freunden ins Freibad gehen kannst, hörst du den Wetterbericht und konzentrierst dich darauf, ob es morgen in deiner Gegend wohl regnen wird oder nicht. Oder du stehst am Bahnhof und hörst eine Ansage. Das meiste davon interessiert dich nicht. Es sind Geräusche, die du zwar „hörst", aber eben nicht bewusst aufnimmst. Hörst du aber etwas, das die Abfahrtszeit deines Zuges betrifft, nimmst du diese Information bewusst auf, um zu erfahren, ob der Zug pünktlich sein wird.

Du „selektierst", wählst also aus, was dich interessiert und was

> **TIPP 1** three steps!
>
> **Step 1:**
> Lies die Aufgabenstellung genau, um die Situation zu verstehen.
> **Step 2:**
> Mache dir klar, nach welcher Information im Hörtext du suchen sollst.
> **Step 3:**
> Überlege dir, welche Begriffe im Zusammenhang mit dieser Information du erwartest.

nicht. Wenn du nun über einer Aufgabe den Hinweis „selektives Hören" findest, sollst du gezielt eine Information aus dem Hörtext heraushören. Du musst die Aufgabe genau lesen, damit du weißt, welche Information dies ist. Meist wirst du in eine Situation versetzt, in der eine oder mehrere Personen eine Ansage (etwa auf Bahnhöfen, Flughäfen, in Kaufhäusern) oder auch einen Wetterbericht hören, worin für sie wesentliche Informationen enthalten sind. Wenn du die Aufgabenstellung genau liest, weißt du auch exakt, um welche Situation es sich handelt und nach welchen Informationen du in dem Hörtext suchen sollst. Wenn dir das klar ist, dann kannst du auch Schlüsselwörter benennen, die dir wahrscheinlich bei der Lösung der Aufgabe helfen werden und auf die du achten musst.

Versuch dies einmal an folgendem Beispiel:

Beispiel 1:

 **Track 1**

John Barton lives in the east of Ireland and he is planning a barbecue with friends for tonight. He listens to the weather forecast to find out if that is a good idea.

Step 1: Welche Situation ist gegeben?

Barbecue tonight, east of Ireland, weather forecast

Step 2: Was will John Barton (was sollst du) herausfinden?

Will the weather be good enough for a barbecue?

Step 3: Auf welche Begriffe musst du achten?

Ireland, east, cloudy, rain, showers, wind, temperature

Wenn du dir jetzt das Hörbeispiel anhörst, wird es dir nicht schwerfallen, die folgende Aufgabe zu bewältigen:

	true	false
1. It is going to rain in the east of Ireland tonight.	☐	☐
2. There will be very strong winds.	☐	☐
3. It's a good day for a barbecue.	☐	☐

Mit dem nächsten Beispiel kannst du dies jetzt selbst versuchen. Denke an die Tipps auf der vorigen Seite.

Beispiel 2:

 **Track 2**

Peter and Susan want to travel to Ramsgate by train. Their train is scheduled to leave from platform 2 at 17:52. Listen to the following announcement to find out about their journey.

Step 1: Welche Situation ist gegeben?

_____

_____

Step 2: Was wollen Peter und Susan (was sollst du) herausfinden?

_____

_____

Step 3: Auf welche Begriffe musst du achten?

_____

_____

Nun löse die AUFGABE (Multiple Choice):

Tick the correct answer.

1 The train is going to be ...
a) on time. ☐
b) 10 minutes early. ☐
c) half an hour late. ☐

2 It is going to run ...
a) from platform 2. ☐
b) from platform 5. ☐
c) from platform 1. ☐

3 They ...
a) have to change at Faversham. ☐
b) have to take the bus from Margate. ☐
c) can stay on the train to Ramsgate. ☐

Lass dich nicht durch die vielen Details verwirren. Du weißt ja aus der Aufgabenstellung, auf welche Wörter (z. B. Ortsnamen) du dich konzentrieren musst.
Du siehst: Wenn du die *three steps* anwendest, fällt die Lösung der eigentlichen Aufgabe gar nicht mehr so schwer.

3.2 Globales Verstehen

Bei dieser Form des Hörverstehens sollst du zeigen, dass du den **Hauptgedanken** eines Hörtextes erfassen kannst. Du sollst also z. B. herausfinden, wer mit wem spricht und um welches Thema es geht. Details sind nicht so wichtig. Im Grunde gilt für diesen Aufgabentyp dasselbe wie für die Leseverstehensaufgaben. (siehe A 2, S. 12)

Beispiel 3:   🎧 **Track 3**

You are going to hear someone talking about a special day in Britain. Find out what day that person is talking about, what's special about it and what you get to know about the origins of that day.

Wende zunächst die *three steps* an:

Step 1: Welche Situation ist gegeben?

_____

_____

Step 2: Was sollst du herausfinden?

_____

_____

Step 3: Auf welche Begriffe musst du achten?

_____

_____

Und nun löse die Aufgabe.

Complete the following summary.

Somebody talks about a special day in Britain, _____ *, which is on* _____

_____ *. He/she says that on that day people* _____

_____ *. And he/she explains that the name comes*

_____

_____

3.3 Detailliertes Verstehen

Beim detaillierten Verstehen geht es, wie der Name schon sagt, darum, einige der **Detailinformationen,** die der Text dir präsentiert, zu erkennen. Damit ist diese Form des Hörverstehens wohl auch die anspruchs-vollste. Die *three steps* gelten natürlich auch hier: Der thematische Rahmen und das Wissen darum, worauf du beim Hören achten sollst, sind schon „die halbe Miete".

Eine weitere Strategie, die dir sicher hilft, ist es, gezielt auf bestimmte **Signalwörter** zu achten, die jeder Sprecher benutzt, um dem Hörer klarzumachen, wie die Informationen zusammenhängen, die er geben will. Diese sagen dir schon eine ganze Menge, ohne dass du inhaltlich viel verstehen musst.

Stell dir vor, folgender Dialog hat mit dem Thema „Should smoking be forbidden?" zu tun und deine Aufgabe ist es, die Positionen der Sprecher zu diesem Thema herauszufinden:

John: "Yes, I really think blablablablabla ..."

Bill: "I can't agree with that. Although blablabla, on the other hand ..."

Peter: "Yes, that's right. Apart from that, blablabla ...

Ohne das „blablabla" verstanden zu haben, kannst du bereits vieles feststellen: John ist wohl gegen das Rauchen und begründet dies. Bill ist anderer Meinung. Er stimmt John zwar in einem Punkt zu, nennt aber dann ein Gegenargument. Peter stimmt ihm da zu und hat noch ein weiteres Argument.

Wenn du die *three steps* angewendet und dir die Aufgabe genau angesehen hast, weißt du, dass du zu diesem Text eine *matching*-Aufgabe lösen sollst, die etwa so lauten könnte:

– Choose the correct speaker for each statement.
  There is one more statement than there are speakers.

A I don't really know about that.	Peter
B Smoking kills. It should be made illegal.	Bill
C Smoking is a filthy habit, but everybody should decide for him/herself if he/she smokes or not.	John
D There are too many regulations already.	

Diese Aufgabe könntest du jetzt lösen, ohne die einzelnen Äußerungen im Detail verstanden zu haben, oder? Versuche es einmal.

Wenn du im Lösungsheft nachsiehst und feststellen solltest, dass deine Zuordnungen falsch sind, dann liegt das wahrscheinlich daran, dass du nicht genau hingesehen hast: Die Sprecher äußern sich ja zu der Frage „Should smoking be forbidden?". Wenn Bill also dagegen ist, dann ist er nicht gegen das Rauchen, sondern dagegen, dass es verboten wird. Er ist also wahrscheinlich selbst Raucher! Wenn du richtig gelegen hast: herzlichen Glückwunsch!

Du siehst also, **signal words** können ausgesprochen hilfreich sein.
Deshalb solltest du dir jetzt ein wenig Zeit nehmen und selbst überlegen, welche *signal words* du kennst und diese danach ordnen, in welcher Art von Hörtexten du sie mit hoher Wahrscheinlichkeit erwarten kannst.

Im Lösungsheft findest du eine Liste von *signal words,* die du dann abgleichen kannst. Aber sieh nicht zu früh nach, denn es ist auf jeden Fall besser, wenn du selbst einige nennen kannst und auch weißt, was sie bedeuten und wie sie in einem Satz funktionieren.

1. Begriffe, die einen zeitlichen Zusammenhang deutlich machen, wenn etwa jemand etwas erzählt oder berichtet (z. B. Nachrichten, Interviews):

   first, then, _____

   before _____

   _____

   _____

2. Begriffe, mit denen logische Zusammenhänge verdeutlicht werden, wenn etwa jemand etwas erklärt (z. B. Stellungnahmen in Interviews, „wissenschaftliche" Erklärungen zu Themen wie *global warming):*

   therefore, because, although, _____

   _____

   _____

   _____

3. Begriffe, mit denen Zustimmung ausgedrückt wird, etwa in einer Diskussion oder einem Streitgespräch:

   _____

   _____

   _____

   _____

4. Begriffe, mit denen Ablehnung ausgedrückt wird:

_____

_____

_____

_____

Diese Begriffe werden dir auch später sehr nützlich sein, wenn es darum geht, dass du eigene Texte verfassen sollst (Kapitel A4 „Schreiben"). Daher lohnt sich der Aufwand, dir solche *signal words* genau einzuprägen, in doppelter Hinsicht: Du kannst den Inhalt von Hörverstehenstexten (und natürlich auch Leseverstehenstexten) zumindest zum Teil erschließen – und du kannst strukturierte Texte selbst produzieren.

3.4 Wie kannst du trainieren?

In der Aufgabenstellung wird dir nicht gesagt, um welche Art des Hörverstehens es geht. Deshalb ist es umso wichtiger, dass du **vor** dem Hören die Aufgabenstellung genau durchliest. Wenn du dir dabei überlegst, um welche Form des Hörverstehens es geht, und du die in diesem Kapitel vorgestellten Hilfen konsequent anwendest, wirst du die in Teil B vorgestellten Hörverstehensaufgaben sicher besser lösen können.

Du musst dir aber auch selbst helfen! Denn eines kann dieses Buch dir nicht vermitteln: das Gefühl für die englische Sprache und deren Klang. Dieses Gefühl kann nur entstehen, wenn du häufig mit der Sprache in Kontakt bist.

Das ist auch eigentlich gar nicht so schwer: Du musst es nur tun!

Einige Beispiele:
1. Wenn du Musik magst, warum stellst du nicht einfach einen englischsprachigen Sender ein und hörst bei den Ansagen und Beiträgen zwischen den Songs etwas bewusster hin? Du wirst sicher „global" verstehen, worum es geht.
2. Sieh dir die Nachrichten auf einem deutschen Sender an, damit du eine Vorstellung von den Themen des Tages bekommst. Anschließend verfolge die *news* auf einem englischsprachigen Sender und versuche, herauszufinden, ob du die Themen wiedererkennen kannst – global – und vielleicht auch ein wenig detaillierter.
3. Höre bewusst auf den Wetterbericht im englischsprachigen Radio oder Fernsehen. Stell dir vorher selbst eine Aufgabe wie etwa: Ich möchte wissen, wie die Temperaturen morgen in London (New York) sind.
4. Schau dir einen Film, den du recht gut kennst, doch einmal auf Englisch an (zumindest in Teilen). Oder lass den Film laufen, schalte das Bild ab, schalte auf schnellen Vorlauf, halte an einer beliebigen Stelle an und versuche, herauszuhören, an welcher Stelle des Films du bist und wer gerade mit wem worüber spricht.
5. Es gibt auch im Internet unzählige Quellen für Hörtexte: Blogs, Internetradiosender, Filmchen auf YouTube usw., die du bewusst aufrufen, ansehen und anhören kannst.
6. Speziell für Englischlerner werden auf einer Reihe von Websites *listening comprehension*-Beispiele angeboten, zum Teil sogar mit dazugehörigen Aufgabenstellungen. Einige der Hörbeispiele in diesem Buch stammen von solchen Websites. Einige Beispiele:
    www.esl-lab.com
    www.learnenglishfeelgood.com/eslvideo
    www.elllo.org
    Klick mal rein! Auch wenn die Aufgaben nicht immer so sind wie für die ZP 10 vorgesehen – bei deinem Hörverstehenstraining sind die Beispiele sicher hilfreich.

4 Schreiben in der ZP 10

Nach der Überprüfung deiner Fähigkeiten in den Bereichen Hör- und Leseverstehen musst du in diesem Teil selbst Texte schreiben. Dabei bezieht sich das, was du schreiben sollst, auf einen Text, den du vorher lesen und verstehen musst. Es ist wichtig, sehr sorgfältig zu lesen, denn erst dann kannst du einen sinnvollen Text verfassen. Hier sind also die Arbeitstechniken zum Leseverstehen notwendig.

Texte sinnvoll aufbauen

4.1 Einleitungssatz

Immer wenn du über einen Zeitungsartikel, einen Text aus einem Sachbuch oder einen Ausschnitt aus einem fiktionalen Text (Roman, Kurzgeschichte, Theaterstück oder Gedicht) schreiben sollst, ist es sinnvoll, mit einem Einleitungssatz zu beginnen. Darin gibst du an, um welche Textsorte es sich handelt, welchen Titel der Text hat, wer ihn geschrieben hat, wo und wann er veröffentlicht wurde und worum es in diesem Text geht (ganz allgemein, ohne Einzelheiten). Die entsprechenden Angaben findest du vor oder nach dem Text auf der gleichen Seite. Nur der letzte Punkt – wenn du schreibst, worum es geht – erfordert von dir ein allgemeines Textverstehen. Natürlich hilft hier oft auch schon der Titel, vor allem, wenn es sich um einen Sachtext handelt. Schau dir noch einmal den Tipp im Kapitel A 2.1 „Arbeitstechnik: Vorwissen aktivieren" auf Seite 12 an. Beantworte die Fragen und lies den Text einmal. Nun kannst du einen sinnvollen Einleitungssatz schreiben. Ein solcher Einleitungssatz hat viele Vorteile: Zum einen wissen die Leser sofort, worum es in dem Text geht. Wichtiger für dich ist jedoch, dass du die „Bausteine" für einen solchen Einleitungssatz auswendig lernen kannst und nur die jeweiligen Daten (Titel, Autor usw.) entsprechend einsetzen musst. Du musst also keine Zeit aufwenden, um zu überlegen, wie du deinen Text beginnen sollst. Hier findest du die „Bausteine" noch einmal in einer Checkliste:

CHECKLISTE

1. **Textsorte:** Sie wird in den Prüfungsmaterialien angegeben, z. B. *newspaper article, information leaflet, advertisement, encyclopedia entry, letter (to the editor), (short) story, novel, poem, song.*
2. **Titel:** Den Titel kannst du wörtlich aus den Materialien zitieren. Dazu verwendest du Anführungszeichen. Denk daran, dass im Englischen die Anführungszeichen immer oben stehen: "..."
3. **Autor/in:** Auch er oder sie wird in der Regel in den Materialien genannt. Um den Namen in deinen Einleitungssatz einzufügen, benutzt du die Präposition „by" oder den Ausdruck „written by". Ist der Name nicht genannt, z. B. bei einem Lexikoneintrag oder einem Werbetext, musst du ihn auch nicht angeben.
4. **Quelle:** Auch diese wird immer in den Materialien zu finden sein, also z. B. der Name der Zeitung (z. B. *The Daily Telegraph, The New York Times)* oder der Enzyklopädie *(Wikipedia, Encyclopedia Britannica* usw.). Bei Texten wie einer Kurzgeschichte, einem Gedicht oder einem Song ist die Quelle nicht notwendig, du brauchst sie nicht zu nennen.
5. **Datum der Veröffentlichung:** Bei einem Zeitungsartikel wird der Tag der Veröffentlichung genannt (z. B. 17th August 2023), ansonsten das Jahr. Bei Lexikoneinträgen ist normalerweise auch das Jahr nicht angegeben.
6. **Thema:** Worum es geht, musst du, wie schon gesagt, selbst herausfinden.

TIPP Einleitungssatz

Beginne deinen Text mit einem Einleitungssatz, dessen Grundmuster du auswendig gelernt hast.

Du solltest nun folgendes Satzmuster auswendig lernen (einschließlich der korrekten Schreibweise):

The newspaper article/song/... "..." [title] by ... [author's name], published in ... [name of newspaper] on ... [date of publication]/in ... [year of publication], deals with/is about/describes ... [topic of text].

Wenn dir das zu abstrakt zum Lernen aussieht, kannst du dir die folgenden konkreten Beispiele einprägen:

The newspaper article "Empty, unlet and unloved: the new British high street" by Esther Addley, published in *The Guardian* on 25th July 2009, deals with the development of town centres in Britain.

The short story "Only Approved Indians Can Play: Made in the USA" written by Jack Forbes, published in 1991, is about racial discrimination in the USA.

INFO zur Aufgabenstellung

Das Schreiben wird kombiniert in drei Teilaufgaben geprüft:
1. Textverständnis
2. Textbearbeitung
3. Textproduktion

4.2 Gemäß Aufgabenstellung schreiben

Auch beim Schreiben musst du genau darauf achten, wie die Aufgabenstellung lautet. Es werden dir in der Prüfung wahrscheinlich drei unterschiedliche Schreibaufgaben gestellt.

Erste Aufgabe:

Die erste Aufgabe überprüft dein Textverständnis. Du sollst hier etwas beschreiben *(describe)*, eine Entwicklung oder Meinung darstellen *(point out)* oder den Text oder Teile des Textes zusammenfassen *(sum up)*. Beim Beschreiben oder Darstellen geht es darum, die Textpassagen zu entdecken, in denen sich die notwendigen Informationen befinden.

Blättere noch einmal zum Text „London's dark waters – the River Thames" in Teil A 2.2 zurück (S. 17) und stelle dir dazu diese Prüfungsaufgabe vor:

AUFGABE

What does the River Thames tell us about London's past?

Auch wenn das Wort „describe" nicht in der Frage auftaucht, so ist doch klar, dass hier etwas dargestellt und beschrieben werden soll, nämlich das, was der erste Satz des Artikels ankündigt. Er teilt dem Leser mit, worum es im Folgenden gehen soll: die Vergangenheit Londons in Verbindung mit der Themse. Sachtexte werden häufig auf diese Weise eingeleitet, um dem Leser sogleich eine Orientierung zu geben. Auch die Beispiele im ersten Absatz (Z. 2 Tudors, Z. 3 Victorians) bereiten auf die noch folgenden Beschreibungen vor. Da der Text recht einfach aufgebaut ist, kannst du dich von den Zeitangaben zur Vergangenheit leiten lassen (natürlich außerhalb des Einleitungsabschnittes). Diese markierst du am besten im Text. – Das solltest du jetzt tun, bevor du weiter liest.

Diesen Zeitangaben kannst du nun (z. B. in einer Tabelle) die entsprechenden Ereignisse zuordnen: Beginne mit dem Einleitungssatz.

in the year 50 AD	Romans founded London, they thought the river would make trade possible
between 1400 and 1900	mini ice age – river froze over 23 times
1536	Henry VIII went sleigh riding on the river
1566 (thirty years later)	Elizabeth I took walks on the river
in 1666	Great Fire destroyed houses, people escaped on the river
less than two centuries later (1858)	"Great Stink" – people died of disease from the dirty water
in the 17th and 18th centuries	criminals were hanged at the banks of the river; the river got its own police force

Diese Tabelle zeigt dir, dass es sich bei den Angaben zu 1536 und 1566 (thirty years later) um Beispiele aus dem Gesamtzeitraum 1400 bis 1900 handelt. Diese sollen verdeutlichen, wie stark die Themse zugefroren war. Das eigentlich Wichtige ist natürlich die Tatsache des Zufrierens an sich.

Auf der Grundlage der Tabelle kannst du nun die Frage der Aufgabe auf Seite 32 beantworten und einen kurzen Text schreiben.

LÖSUNGSHILFE

Beginne mit dem Einleitungssatz.

Versuche, in der Darstellung deine eigenen Worte zu benutzen. Dies wird jedoch nicht immer möglich sein. Es ist daher nicht schlimm, wenn du auch einzelne Begriffe des Textes verwendest. Keinesfalls solltest du aber ganze Sätze oder längere Wendungen des Originals benutzen.

_____

_____

_____

_____

_____

Wenn es darum geht, etwas zusammenzufassen, z. B. was eine Person sagt oder was in einer Situation geschieht, sollst du das, was du gelesen hast, auf das Wesentliche reduzieren. Einzelheiten, Beispiele, längere Erklärungen usw. bleiben dann weg. So könnte beispielsweise die Handlung des Textes im Kapitel „Training A 2.3" (S. 24) in einem Satz zusammengefasst werden:

A boy is woken up by his mother from a bad nightmare, in which he dreamt of somebody with a knife coming into his bedroom.

Zweite Aufgabe:

In der zweiten Aufgabe sollst du erklären *(explain)*, analysieren *(analyse)*, vergleichen *(compare)*, und du sollst in der Regel das, was du schreibst, begründen *(give reasons)* oder aus dem Text belegen *(give evidence from the text)*. Dies erfordert ein genaues Lesen der Textvorlage, denn du musst dich hier beispielsweise in eine Person oder eine Situation „hineindenken". Du kannst dann z. B.

– Gefühle erklären, die die Person hat: Woher kommen diese Gefühle? Wie entwickeln sie sich in der Geschichte?
– Argumente nachvollziehen und einschätzen, die eine Rolle spielen: Welche Argumente sprechen für, welche gegen etwas? Welche sind überzeugender? Warum?

Dritte Aufgabe:

Bei der dritten Aufgabe kannst du in der Regel zwischen zwei Möglichkeiten wählen. Das erkennst du an folgenden Erläuterungen zu der Aufgabenstellung: „You have a choice here." oder „Choose one of the following tasks."

Es geht darum, zu einem Thema, das aus dem gelesenen Text hervorgeht, einen eigenen, neuen Text zu schreiben. Dieser von dir zu schreibende Text kann z. B. ein Brief (oder Leserbrief) sein, eine E-Mail, ein Lebenslauf, ein Bewerbungsschreiben, ein Teil einer Geschichte oder auch ein Dialog. Es ist jedenfalls ein Textsorte, die du aus deinem Alltagsleben kennst und die du sicherlich auch im Englischunterricht schon geschrieben hast. Vergegenwärtige dir also noch einmal, wie z. B. ein englischer Brief aussieht, welche Elemente ein Lebenslauf enthält oder was wichtig für ein Bewerbungsschreiben ist. Die wichtigsten Aspekte sind hier zusammengestellt.

INFO

Einen Brief schreiben

Brief *(letter)*:

Man unterscheidet zwischen geschäftlichen und persönlichen Briefen. Die Form des Geschäftsbriefes stimmt mit der des Bewerbungsschreibens überein (mit anderer inhaltlicher Füllung natürlich). Persönliche Briefe weichen davon ab: Die Adresse der Person, an die der Brief gerichtet ist, steht nur auf dem Briefumschlag und wird im Briefkopf nicht wiederholt. Sodann redet man den Adressaten in aller Regel mit dem Vornamen an *(Dear John)*. Kurzformen *(I'm, we'll)* und andere umgangssprachliche Elemente sind möglich. Am Ende steht
– bei engen Freunden und Familienangehörigen: *Love / Lots of love (from)*
– bei anderen z. B.: *Best wishes / All the best / Have a good time.*

E-Mail *(e-mail)*:

E-Mails kannst du wie Briefe behandeln: Auch hier gibt es geschäftliche Mails, die strengere Regeln haben, und persönliche, die du ziemlich frei handhaben kannst.

Folgende Formulierungen sind in Briefen nützlich:

in Geschäftsbriefen:	in persönlichen Briefen:
Thank you for your letter/e-mail of 5 May concerning ...	Thank you (so much) for your letter/e-mail.
I am writing to inform you that/inquire about ...	Great to hear from you.
Thank you for ...	It would be nice to ...
I look forward to hearing from you soon.	I'd love to ...
	I just wanted to ask you if ...
	Say hello/hi to Jenny from me.
	Hope to hear from you soon.

Einen Lebenslauf *(CV = curriculum vitae)* schreiben
Wichtig sind zunächst die persönlichen Angaben des Schreibers *(name, address, telephone number, e-mail, nationality, date of birth).* Du solltest also die englischen Wörter für Nationalitäten kennen (German, English, American, French usw.) und auch wissen, wie ein **Datum** im Englischen geschrieben wird (z.B. 25 August 2023).

Es folgen **Angaben zur Persönlichkeit** *(profile),* also zu beruflichen Interessen, Fähigkeiten, eventuell charakterlichen Eigenschaften und möglicherweise sonstigen Interessen und Hobbys.
Dann sind noch **Angaben zur Ausbildung** *(education)* und – soweit vorhanden – zum bisherigen **beruflichen Werdegang** *(employment* oder *work experience)* erforderlich.

Eine Bewerbung *(application)* schreiben
Rechts oben steht wie in jedem geschäftlichen Brief die Adresse des Absenders (ohne den Namen!). Darunter steht in der Regel das Datum (Form s.o.). Auf die linke Seite, eventuell etwas tiefer, schreibt man die Adresse des- oder derjenigen, an den/die sich die Bewerbung richtet. Nach diesen formalen Elementen folgt das eigentliche Anschreiben. Die Person, an die man schreibt, wird entweder mit Namen *(Dear Mr/Mrs/Miss/Ms Smith)* oder, wenn man den Namen nicht kennt, mit *Dear Sir or Madam* angeredet.
Es folgen:
– die Bewerbung *(I am writing to apply for)* für eine bestimmte Stelle *(post, position)* und Angaben darüber, wie man von dieser Stelle erfahren hat (z.B. *advertised in The Guardian of 3 September;* oder *advertised on your website* etc.),
– eine kurze Beschreibung der relevanten Qualifikationen und Erfahrungen, die man mitbringt *(While I was working at …)*
– eine kurze Erklärung, warum man an der Stelle interessiert ist *(This post interests me because …),*
– Angaben, wie und/oder wann man zu erreichen ist (z.B. *I can arrange to attend an interview any afternoon),*
– der Abschluss: z.B. *I look forward to hearing from you.*
– *Yours sincerely* (wenn man in der Anrede den Namen genannt hat) oder *Yours faithfully* (wenn man mit *Dear Sir or Madam* begonnen hat)
– Unterschrift + darunter den Namen in Druckschrift.
– Falls man etwas beifügt, z.B. den Lebenslauf, zeigt man das durch „Encl. CV" (= *enclosed)* an.

Achte zudem auf folgende Dinge: Benutze keine Kurzformen (also nicht *I'm writing,* sondern *I am writing)* und versuche, deinen Text durch sinnvolle Verbindungswörter flüssig zu gestalten (z.B. *so, because, since …).*

4.3 Zusammenhängend und gegliedert schreiben
Unabhängig von Art und Inhalt der Texte, die du schreibst, ist es immer wichtig und für deine Leser hilfreich, Sätze durch Verbindungswörter *(connectives)* zu verbinden, um den Handlungsablauf oder den Gedankengang zu verdeutlichen. Auch der Gebrauch von Nebensätzen kann dabei helfen. Ebenso nützlich ist es beim Lesen, wenn der Text in Abschnitte gegliedert ist, wenn man also als Leser oder Leserin weiß: Bei einem neuen Absatz beginnt etwas Neues.
Stelle dir vor, du sollst deine Meinung zu einem Film, den du kürzlich gesehen hast, in einem kurzen Artikel für eine Schülerzeitschrift schreiben. Ein Schüler hat den folgenden Artikel geschrieben:

I saw "..." [title of the film]. It was a difficult film. It was interesting. I liked it. The actors were nice. One of them was not a good actor. He always spoke in the same way. You could not see his feelings in his face. The story was interesting. Some scenes were a bit boring. The characters only talked. Nothing happened. Most of the time there was a lot of action. This was exciting. There were some surprises. There were some funny scenes. The audience in the cinema laughed a lot. Some funny scenes were exaggerated. This was not so good. The ending was funny. It was surprising. I liked this. It was an interesting film. Everybody should go and watch it.

Dieser Text erfüllt natürlich die Aufgabenstellung, da hier die Meinung zu einem Film ausgedrückt wird. Aber es ist dir sicher aufgefallen, dass er nicht flüssig lesbar ist, weil die Sätze alle sehr kurz und unverbunden sind und wie in einer Liste aufeinanderfolgen. Versuche nun, den Artikel zu verbessern, indem du z. B. zwei Sätze zu einem komplexen Satz (Haupt- und Nebensatz) zusammenfügst und möglichst viele Sätze durch Wörter verbindest, die den Gedankengang verdeutlichen. Dazu stellst du dir Fragen wie diese: Wird etwas begründet? Gibt es einen Gegensatz?
Wo ein neuer Aspekt erwähnt wird, beginnst du einen neuen Absatz.
Das Gerüst ist hier vorgegeben. Versuche passende Verbindungswörter einzusetzen. Wenn du Schwierigkeiten hast, hilft dir der Tipp auf dieser Seite!

> **TIPP**
>
> Probiere es mit diesen Wörtern:
> *also, (al)though, and, because, but, however, in general, in short, moreover, on the other hand, so, too, which*

Last week I saw "...", which was a difficult film. _____ it

was also interesting _____ I liked it. _____ the actors were

nice, one _____ of them was not really a good actor _____

he always spoke in the same way _____ you could not see his

feelings in his face. _____

The story was interesting, _____ some scenes were a bit boring

_____ the characters only talked _____ nothing

happened. _____ most of the time there was a lot of action,

_____ was exciting.

_____ there were some surprises _____ there

were some funny scenes. _____ the audience in the cinema laughed a lot.

_____ some funny scenes

were exaggerated, _____ was not so good. The ending was funny,

_____ It was _____ surprising,

_____ I liked.

_____ it was an interesting film, _____ everybody should

go and watch.

INFO Verbindungswörter

Folgende Verbindungswörter sind in Texten nützlich:

1. Wenn du Fakten, Meinungen etc. aufzählst:
    Firstly, secondly, … finally, oder: *To begin with, next, after that, …, in the end*
2. Wenn du einen weiteren Aspekt ergänzen willst:
    Moreover, In addition, also oder einfach …, *too.*
3. Wenn du einen Gegensatz oder auch eine Alternative einbringst:
    On the one hand, … on the other hand, … However, (al)though
4. Wenn du etwas begründest: …
    because oder (am Satzanfang)
    The reason is that …
5. Wenn du eine Folge/Konsequenz erwähnst:
    As a consequence/result …
6. Wenn du zum Schluss etwas zusammenfassen oder schlussfolgern willst:
    In short/general … To sum up, … To conclude, …

Weitere Verbindungswörter findest du auch unter den *signal words* in Kapitel A 3.3 (S. 28).

5 Wortschatzerweiterung – Wortfelder

Du wirst – vor allem bei den Schreibaufgaben – wahrscheinlich öfters das Problem haben, dass dein Wortschatz nicht ausreicht, um dich so auszudrücken, wie du es gern tun würdest. Dein Wortschatz wird ja auch in einer gesonderten Prüfungsaufgabe mit *gap filling, matching* oder *multiple choice*-Aufgaben überprüft (Beispielaufgaben zum Wortschatz findest du in den Tests auf den Seiten S. 52, 70, 89 und 109). Es ist also in jedem Fall sinnvoll, darüber nachzudenken, wie du ihn gezielt erweitern kannst. Das heißt aber nicht, dass du dir etwa das Lehrbuch des aktuellen Schuljahres vornehmen und beginnen sollst, Vokabellisten zu „pauken". Es geht hier darum, überlegt und gezielt an den Stellen anzusetzen, die für die ZP wirklich von Bedeutung sind.

Wenn du dieses Buch bisher gründlich durchgearbeitet hast, dann hast du deine sprachlichen Möglichkeiten ja bereits an vielen Stellen erweitern können: Du weißt jetzt, wie du Wörter erschließen und ableiten kannst, und hast sicherlich auch deine Fähigkeiten verbessert, Texte zu verstehen und auch selbst zu schreiben. Du hast **Verbindungswörter** gelernt, die dir helfen, deine Gedanken miteinander zu verknüpfen und zu strukturieren.

Ein wenig anders verhält es sich beim thematischen Sprachmaterial, also bei den Vokabeln, die mit den Themen zu tun haben, auf die du in der ZP stoßen kannst. Hier ist eine gezielte Vorbereitung sicherlich schwieriger. Aber möglich ist sie doch.

Eine gute Möglichkeit ist das *mindwalking,* eine Technik, die dir helfen wird, dir zunächst bewusst zu machen, was du bereits kannst – aber eben auch, wo es Lücken gibt, die du dann auffüllen solltest.

Mindwalking ist eigentlich ein ganz einfaches Prinzip. Versuch es einmal am Beispiel des Raums, in dem du dich gerade aufhältst:

1. Step 1: Sit back, relax and have a look at the room you are sitting in: What can you see? What can you/ do you do in this room? How do you feel in different situations in this room?

Das könnte zum Beispiel folgendermaßen aussehen:

> I am sitting in my room at my desk. I am working on … On my desk there is/are … If I open my eyes, I can look out of the window, which is … On my **Fensterbank** there is/are … To the right of my desk … Behind me … I feel bored at the moment, because I don't really enjoy working for my exam. I **möchte lieber** switch on my mobile and chat with my friends. …

Wenn dir nichts mehr einfällt, kannst du (im Kopf) den Raum auch ausweiten:

Now leave the room (in your head) and think of other rooms in the building. What can you see there? Who is there? What activities are people involved in?

Zum Beispiel:

> My sister is in the living room watching TV. **Die hat's gut. Da wäre ich auch lieber.** My dad is at work. He works as an electrician for a small **Firma** in … My mother …

2. Step 2: Um mit den Ergebnissen deines *mindwalk* weiterarbeiten zu können, solltest du deine Gedanken notieren. Die sinnvolle Methode dazu wäre, zunächst den Weg, den du im Kopf zurückgelegt hast, in eine Karte, eine *map,* zu übertragen, also aus dem *mind-**walk*** eine *mind-**map*** zu erstellen.

In unserem Beispiel könnte diese darin bestehen, dass du eine grobe Skizze deines Zimmers anfertigst und die Begriffe, die dir eingefallen sind, in die Skizze schreibst. Wenn du den Raum verlassen hast, kannst du dies einfach durch Pfeile andeuten und das, woran du gedacht hast, dort notieren. Es entsteht so ein Abbild dessen, was in deinem *mind* vorgegangen ist, als du dich mit diesem Thema beschäftigt hast.

3. Step 3: Deine *mindmap* hat natürlich Lücken, denn dein *mindwalk* konnte nicht immer in englischer Sprache stattfinden. Du bist über einige Teile „gestolpert" (im Beispiel in *step 1* sind sie **fett** markiert).

Diese solltest du jetzt im Wörterbuch nachschlagen und in die *map* eintragen. Weil dein Gehirn diese Begriffe automatisch in Verbindung mit dem Weg abspeichert, den du im Kopf zurückgelegt hast, besteht eine große Chance, dass du sie auch behältst. Hinzu kommt, dass deine Skizze über deine Augen automatisch als Bild in deinem Gehirn abgespeichert wird, sodass dieses nun eine weitere Möglichkeit erhält, die neuen Wörter auch dauerhaft zu behalten.

4. Step 4: Du kannst deinem Gehirn auch weiter dabei helfen, die neue Sprache zu behalten. Zu jeder Karte gehört ja auch eine „Legende", ein **key**. Dort wird erklärt, was sich auf der Karte befindet. In unserem Beispiel hast du wahrscheinlich an Dinge, Räume, Personen, Aktivitäten und Gefühle oder Stimmungen gedacht. Also könnte deine Mindmap auch unter diesen Oberbegriffen geordnet werden und es entstünde eine Tabelle wie z. B.:

rooms	objects	people	activities	feelings
my room	desk	myself	study	feel bored
living room	chair	my father	watch TV	I'd rather
bedroom	window sill	my sister	chat	relaxed
...	...	my mother	...	...
...	...	...	...	...

5. Step 5: Beim Erstellen eines solchen **key** fallen dir bestimmt noch weitere Begriffe und Redewendungen ein, die du in die Tabelle eintragen kannst. Damit erweiterst du natürlich auch deine Mindmap. Solltest du an einem der folgenden Tage noch einmal auf einen *mindwalk* gehen, dann wird dieser sicherlich anders aussehen und dir wird viel mehr einfallen.

> **INFO** Wortschatz erweitern
>
> Step 1: Go on a **mindwalk.**
> Step 2: Make a **mindmap.**
> Step 3: **Complete** your mindmap.
> Step 4: Write a **key.**
> Step 5: **Use** the key.

> **TIPP** regelmäßige *mindwalks*

Versuche, solche *mindwalks* regelmäßig durchzuführen.
Gehe etwa auf Englisch zur Schule oder zu deinen Freunden. Beispiel: *I have just left my house and I am walking on the* **Bürgersteig** *to … On the other side of the street there is a man with a dog and a woman with a* **Kinderwagen** *… Now I'm at the* **Kreuzung** *…*
An der Bushaltestelle: *I am standing at the bus stop waiting for the bus to school. The bus is late. It is still dark and it's* **Nieselwetter** *and I'm tired and bored. My first lesson at school is … and I hate … After that it's going to be … which is not so bad …*
Du kannst auch abends im Bett kurz vor dem Einschlafen deinen Tag auf Englisch „nach-denken", z. B.: *What have I done today? What was good, bad about my day? How did I feel …* – oder auch den folgenden Tag „vor-denken": *What are my plans for tomorrow? In the morning/afternoon/evening …*
Und so weiter. Probiere es einfach aus. Schlüpfe, wann immer du Gelegenheit dazu hast, in die englische Sprache. Du wirst überrascht sein, wie viel du kannst – und manchmal auch, dass dir einfache Wendungen fehlen. Wenn du diese später im Wörterbuch nachschlägst (Was heißt eigentlich „Bürgersteig" – und was war da noch? Ach ja, „Kinderwagen"), ordnet sie dein Gehirn automatisch zu und du wirst deinen Wortschatz auf diese Weise nach und nach erweitern, ohne mühselige „Vokabellernsitzungen".

Wenn du dieses Grundprinzip beherrschst, kannst du es auch bei komplexeren Themen nutzen. Du erinnerst dich sicherlich an die Themen und Gegenstände, die in den Vorgaben zur ZP 10 genannt werden (siehe INFO in Kapitel A 1.2 „ Die Vorgaben", S. 8). Ein Bereich, der dort genannt wurde, ist „Mediennutzung". Darunter könnte etwa eine Auseinandersetzung mit den Chancen und Gefahren der mobilen Telefonie fallen. Stelle dir also vor, es geht um das Thema „media – pros and cons of smartphones". Der Wortschatz, den du hier benötigst, hat einerseits mit Sprachmaterial zur Darstellung von „pros and cons" zu tun, andererseits mit „smartphones".

Erprobe an diesem Thema jetzt das Prinzip des *mindwalk* einmal selbst.
1. Begib dich auf einen *mindwalk* zu deinem Handy. Nimm es dazu ruhig in die Hand und fang einfach an. Ein möglicher Weg wäre: *What is this? What can it be used for? How do I operate it? What does it cost?* Du musst aber gar nicht systematisch vorgehen und diese Fragen beantworten, sondern kannst deinen Gedanken freien Lauf lassen.

2. Versuche jetzt (wenn dir nicht mehr viel einfällt), das, was dir durch den Kopf gegangen ist, zu notieren. Wenn du das in Form einer Mindmap tust, wirst du automatisch schon ein wenig Ordnung in deine Gedanken bringen. Das wird dir helfen, im vierten Schritt eine Struktur zu erstellen, also einen *key* zu deiner *map*.

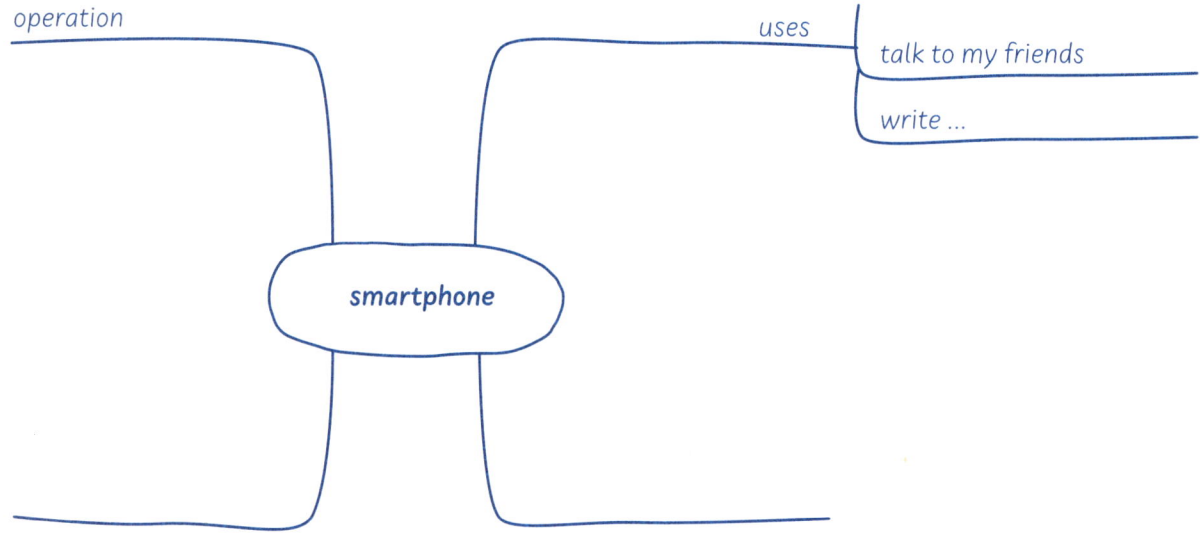

TIPP zu Mindmaps

Es ist übrigens auch möglich, dass du in der Prüfung aufgefordert wirst, eine Mindmap zu einem bestimmten Thema zu erstellen. (Bisher hat es eine solche Aufgabe zwar nicht gegeben, aber sie ist in den Vorgaben zur Prüfung ausdrücklich als Möglichkeit erwähnt). Die Erstellung von Mindmaps regelmäßig zu trainieren, hilft dir also vielleicht sogar in doppelter Hinsicht.
Wenn du einen Computer hast, dann lade dir doch über das Internet die kostenlose Software **„FreeMind"** herunter. Das Programm ist einfach zu bedienen und du kannst damit leicht Mindmaps erstellen. Der Clou: Die Begriffe, die du in deine Mindmap schreibst, kannst du anschließend problemlos mit der Maus verschieben und neu anordnen. Damit bringst du leicht Ordnung in deine Mindmap und kannst so den vierten Schritt, das Erstellen geordneter Listen, erledigen, ohne Dinge mehrfach schreiben zu müssen. Du sparst dir viel Arbeit und Papier!

3. Jetzt schau dir deine Mindmap genauer an. Schlag zunächst die Wörter und Wendungen nach, die du nicht auf Englisch formulieren konntest.

Achtung: „Handy" klingt zwar Englisch, ist es aber in diesem Zusammenhang nicht (Wie nennen es die Engländer? – Und die Amerikaner?) Ein Engländer würde auch nie sagen, er schreibe eine „SMS", obwohl die Abkürzung aus dem Englischen stammt. Schlag diese Begriffe nach, wenn du dir nicht sicher bist!

4. Versuche jetzt, die Elemente deiner Mindmap zu organisieren. Wie du dies tust, hängt natürlich von den Aspekten ab, die dir bei deinem *mindwalk* eingefallen sind – und ist zunächst auch eigentlich nicht so wichtig. Du kannst zum Beispiel die in *step 1* genannten Beispielfragen als Oberbegriffe nutzen, wenn dein *mindwalk* diesen Weg genommen hat. Dann sähe eine mögliche Tabelle etwa folgendermaßen aus:

My Smartphone

what I can do with it	*how I use it*	*what it costs*

Noch sinnvoller wäre es wahrscheinlich, wenn du von einer gedachten Themenstellung ausgehst und annimmst, dass eine mögliche spätere Schreibaufgabe darin bestehen könnte, dass du dich zu den Vorteilen und Nachteilen von Handys äußern sollst. Dann kannst du ja auch sofort nach diesen Kriterien sortieren. Versuche dies jetzt in folgender Tabelle:

mobile phone (cell phone)/smartphone

pros	*cons*

5. Jetzt solltest du deine Tabelle erweitern. Am besten funktioniert dies mithilfe weiterer englischsprachiger Informationen. Dazu hast du viele Möglichkeiten. Du kannst in deinem Lehrbuch nachschlagen, ob dieses Thema in irgendeiner *unit* behandelt wurde, und diese *unit* auswerten. Oder du suchst im Internet nach Artikeln, Chats oder Produktinformationen zu diesem Thema (natürlich in englischer Sprache!). Du wirst dort sicherlich etwas finden und kannst mit den Ausdrücken und Redewendungen, die dort benutzt werden, leicht deine Tabelle ergänzen.

TIPP zur Recherche

Ein guter Ausgangspunkt sind freie Nachschlagewerke im Internet, wie z. B. Wikipedia. Dort findest du zu nahezu jedem Thema einen Eintrag, der für deine Zwecke viele nützliche Begriffe enthält!
Auch andere Webseiten kannst du nutzen, allerdings kann es passieren, dass du auf inhaltlich oder sprachlich wenig vertrauenswürdige Quellen stößt. Achte also ein wenig auf die Adresse (kommt die Website aus dem englischsprachigen Raum, etwa einer bekannten Zeitschrift oder einer Universität bzw. Institution?). Beiträge etwa aus deutschen Quellen, insbesondere aus Schulen, solltest du meiden, da sie nicht immer sprachlich korrekt sind. Falls du unsicher bist, suche dir Hilfe.
Die Texte, auf die du stößt, sind oft bereits untergliedert, sodass es für dich leichter wird, sie zu **scannen** und interessante Stellen zu markieren. Oft findest du dort auch Links zu weiteren Informationen und Medien.

Manche Texte sind recht lang oder besonders schwer zu verstehen. Das sollte dich nicht entmutigen, denn du musst nicht alles verstehen, sondern du sollst aus diesen Texten Ideen und sprachliche Mittel entnehmen, die zu dem passen, was du bereits hast. Du solltest also versuchen, solche Texte zu *scannen,* das heißt schnell zu überfliegen und dabei nur auf Stellen zu achten, die dir auf den ersten Blick interessant erscheinen. Wenn du diese Stellen beim *scannen* markierst, kannst du sie leicht in deine Tabelle übernehmen. Im Folgenden solltest du diese Technik einmal ausprobieren.

Gehen hier wir zur Übung davon aus, dass dir zum Thema *mobile phone* oder *smartphone* einige Punkte eingefallen sind, etwa wozu es genutzt werden kann und wozu du es nutzt. Wahrscheinlich hast du diese Punkte in der obigen Tabelle eher bei den Vorteilen, den *pros,* notiert. Zu der rechten Spalte, den Nachteilen, ist dir vielleicht spontan gar nicht so viel eingefallen. Du benötigst also zusätzliche Informationen.

Wenn du jetzt den TIPP befolgst und im Internet nach Artikeln zu *mobile phones* oder *smartphones* suchst, findest du eine Vielzahl von Einträgen unterschiedlicher Qualität, teils auch mit vielen schwer verständlichen technischen Informationen. Du suchst jetzt aber eigentlich nach Argumenten und nach Sprache, die dir bei der Formulierung von Nachteilen der Handynutzung helfen können. Eine Einschränkung der Suche nach *mobile phones – advantages disadvantages* hilft dir schon eher weiter. Du findest dann mit hoher Wahrscheinlichkeit eine Vielzahl von Artikeln zu diesem Thema. Wähle dann einen solchen Artikel aus. Wenn du solch einen Artikel jetzt scannst, kannst du die Aussagen zu *advantages* wirklich nur kurz überfliegen, denn bezüglich der Vorteile der Handynutzung hast du ja wahrscheinlich bereits einige Punkte gesammelt. Dennoch könnte es sein, dass dir noch ein oder mehrere Aspekte auffallen, an die du nicht gedacht hattest – und eventuell auch einige Formulierungen, die besser klingen als deine eigenen. Aber allzu lange solltest du dich damit nicht beschäftigen, denn

INFO "scannen"

Scannendes Lesen funktioniert eigentlich genauso wie selektives Hören (siehe A 3): Wenn du genau weißt, wonach du suchst, und dich darauf konzentrierst, dann kannst du beim schnellen Überfliegen von Texten rasch feststellen, wo entsprechende Informationen sind und wo nicht. (Wenn du z. B. die Broschüre eines Museums daraufhin durchsiehst, wann es geöffnet hat, dann liest du nicht alles, sondern deine Augen fliegen über den Text und stoppen erst beim Begriff „Öffnungszeiten").

du suchst ja hauptsächlich nach Argumenten gegen die Handynutzung. Zu diesem Aspekt könnte eine Seite dann etwa folgendermaßen aussehen:

The Disadvantages of Cell Phones

The advantages and disadvantages of cell phones show us that having more ways to communicate with others can be an excellent resource. We can call or text at almost any time, access the Internet, or take control of our life. It can support healthy relationships, but these devices can also create destruction. It is ultimately up to you to decide what impact the technology will have in 5 your life.

List of the Disadvantages of Cell Phones
1. Cell phones create a significant distraction for people.
There are almost 700,000 drivers who will pick up their cell phone while in their vehicle for some reason during any given day. Some are reading and 10 responding to text messages that come through. Others are making phone calls without the use of hands-free technology. There are nearly 2 million accidents that occur in the United States because of distracted driving issues that involve cell phones.
Over 20% of accidents that involve a fatality and a teen driver include the 15 influence of a cell phone as part of the incident. It isn't just driving that is dangerous. Pedestrian accidents which involve cell phone use are rising as well, with people falling into fountains, venturing into traffic, or slamming into poles because they never look up from their screen. [...]

2. New cell phones can be very expensive.   20
[...] When you want to have access to the latest technology from the industry, then you are going to pay a price for that access. The latest iPhone models are priced above $1,000, so even payment plans with a data provider create three years of debt to manage for some consumers. [...]

3. It exposes people to the problem of cyberbullying more often.   25
Before we had access to a cell phone, the only way that someone could become a cyberbully was to call you on your landline or send an unfriendly email. The technology we have today allows for instant updates, posts, and comments which can lead to this behavior. [...]

4. Cell phone technologies can create addictive tendencies in people.   30
[...] People can become emotionally tied to their phones in such a way that they feel grief, anxiety, or despair if they forget it at home. About half of adults who own a smartphone say that there are times when they feel lost without the device in their possession.
[...] The average person will check their device over 80 times per day, some- 35 times even logging in without any notifications, just because the act of getting into the phone provides comfort.

5. There are issues of sexual abuse, exploitation, and child pornography with cell phones.
Sexting is one of the most significant issues that happen with the modern cell 40 phone, especially for teens under the age of 18. When someone takes a nude picture of themselves to send to someone else, that can be a violation of the

law. Only 11% of kids admit that they have sent an image of themselves to a
stranger, but 4 out of 5 teens in this category say that they did so. [...]

45 **6. Cell phone batteries can be dangerous.**
[...] [T]here are several different health concerns to consider with this technology. If you use a phone for an extended time, then it can heat up enough
to cause burns to sensitive skin. The heat generated by the battery can also
cause flammable items to ignite in some situations.

50 There are also some concerns about the long-term exposure to electromagnetic
radiation that can come from cell phones. [...]

7. The use of cell phones creates higher levels of electronic waste.
The average cell phone user will replace their phone every 3 years. Some people
will upgrade their device every 12 months. When we purchase a new item, the
55 old one creates another impact on our e-waste streams around the world. [...]

Quelle: Keith Miller: "18 Advantages and Disadvantages of Cell Phones", from: *The Future of Working*
https://futureofworking.com/8-advantages-and-disadvantages-of-cell-phones/(letzter Zugriff:
15.11.2021)

Wenn du dich an den Überschriften der einzelnen Abschnitte orientierst, gelangst du schnell an Stellen,
die mit deinem eigentlichen Thema zu tun haben und dir weiterhelfen können. Von einem langen Artikel
bleiben dann wie in diesem Beispiel nur ein paar Abschnitte übrig. Schau die übrig gebliebenen Abschnitte
nun ein wenig genauer an und markiere (am besten mit einem Textmarker) Stellen, die dir hilfreich erscheinen. Verwende nicht allzu viel Zeit auf Dinge, die du nicht genau verstehst, beschränke dich zunächst auf
Stellen, die du auf den ersten Blick als relevant für deine Suche erkennst.

Die **Überschrift 1 („distraction")** wäre dir vielleicht deshalb als interessant erschienen, weil du beim
Überfliegen verstanden hast, dass es dabei um Verkehrsunfälle geht. Du wusstest zwar, dass Handys im
Straßenverkehr eine Gefahr darstellen, weil Verkehrsteilnehmer häufig durch deren Nutzung abgelenkt
sind und es daher zu Unfällen kommt. Aber wusstest du auch das Wort dafür? Jetzt kannst du *distraction* in
deine Tabelle übernehmen und du findest in dem Abschnitt auch bestimmt die eine oder andere Formulierung, die du in einem Text benutzen könntest, wie z. B. „accidents that occur because of distracted ..." oder
„pedestrian accidents which involve cell phones".

_____

_____

_____

_____

_____

_____

_____

_____

_____

Bei den Aspekten „cyberbullying" (**3**) sowie „addiction" (**4**) findest du sicher auch Ideen und Formulierungen:

_____

_____

_____

_____

_____

_____

_____

_____

_____

_____

_____

Auch die weiteren aufgeführten Aspekte „sexual abuse"(**5**), „dangerous batteries" (**6**) oder „electronic waste" (**7**) sind sicherlich nicht unwesentlich. Wenn du jedoch meinst, sie seien aus deiner Sicht nicht so relevant, dann ignoriere sie einfach. Es geht ja nicht darum, **alle** denkbaren Aspekte ausnahmslos zu berücksichtigen, sondern darum, die sprachlichen Mittel zur Formulierung **deiner** Position zu dem Thema zu erweitern.

Deine Tabelle sieht jetzt sicherlich bereits ganz anders aus als nach deinem _mindwalk._ Dieser hatte dir dabei geholfen, das abzurufen, was du in englischer Sprache zu diesem Thema wusstest und ausdrücken konntest. Aber das waren eben auch nur **deine** Kenntnisse und sprachlichen Möglichkeiten. Wenn du dir etwas ansiehst, was eine andere Person zu dem Thema gedacht und aufgeschrieben hat, dann ist es sehr wahrscheinlich, dass du neue Aspekte findest. Wenn diese Person dann auch noch über deutlich mehr sprachliche Mittel verfügt als du, dann ist es sicher, dass du dort auch Ideen und Hilfen für deine eigenen Formulierungen findest, ohne dass du mühsam einzelne Begriffe im Wörterbuch nachschlagen musst (und oft immer noch nicht sicher sein kannst, wie du diese dann in einem Satz verwenden kannst). Du schlägst also mehrere Fliegen mit einer Klappe!

In den Hilfen zur Auswertung im Anschluss an die Beispieltests wirst du Übungen finden, die auf dem Prinzip basieren, das du hier kennengelernt hast. Du wirst feststellen, dass dir in den Aufgabenstellungen und den Lesetexten Vieles angeboten wird, das dir bei der Erweiterung deiner sprachlichen Möglichkeiten hilft. Du musst es nur bewusst und intelligent nutzen. Wenn du zu einem Bereich mehr tun willst (oder auch musst, weil dir selbst dazu nicht viel eingefallen ist), dann hast du hier einen Weg kennengelernt, der dir sicher helfen wird.

Teil B Tests

Nun kann es also losgehen. In diesem Kapitel findest du insgesamt fünf Tests, mit denen du für die ZP trainieren kannst. Die ersten drei davon sind mit Erläuterungen versehen, die dir bei der Lösung helfen werden. Der Anspruch wird ständig zunehmen (also werden auch immer weniger Hilfen gegeben), sodass du den vierten und fünften Beispieltest schließlich selbstständig lösen kannst.

Erst dann ist es entscheidend, dass du die vorgesehene Zeit von 120 Minuten auch wirklich einhältst. Bei den ersten Testbeispielen wirst du wegen der vielen Hilfen, Anmerkungen und Zwischenschritte sicherlich mehr Zeit benötigen, als dir bei der ZP zur Verfügung stehen wird. Das ist hier auch noch gar nicht schlimm, weil du dich ja erst an die Anforderungen gewöhnen sollst. Wichtiger ist es, dass du die Aufgaben ruhig und überlegt durcharbeitest. Dennoch solltest du dir auf jeden Fall angewöhnen, mit der Uhr zu arbeiten. Es kann sehr hilfreich sein, wenn du notierst, wann du mit welcher Aufgabe begonnen hast und wann du damit fertig geworden bist. Dann bekommst du nach und nach ein Gefühl dafür, wie viel Zeit du für jeden Teil benötigst bzw. später benötigen darfst, damit du rechtzeitig fertig wirst.

Bevor du mit dem ersten Test beginnst, schau dir noch einmal die Checkliste und die Bearbeitungshinweise aus Kapitel A 1.4 „Zum Aufbau dieses Buches" (S. 10) an. Zur Erinnerung:

CHECKLISTE für Test 1

1. Zeit Ich habe genug Zeit, um den Test an einem Stück durchzuarbeiten. Zeitvorgaben:		☐
Für die Hörverstehensaufgaben	20 Minuten	☐
Für die Leseverstehensaufgaben	20 Minuten	☐
Für Wortschatz	15 Minuten	☐
Schreiben	65 Minuten	☐
Puffer für Überarbeitung	(10 Minuten)	☐
2. Ort Ich kann hier voraussichtlich ungestört arbeiten.		☐
3. Arbeitsplatz		
– Uhr		☐
– Schreibmaterialien		☐
– für die Hörverstehensaufgaben einen Zugang zum Internet und zur Seite finaleonline.de		☐
– und **sonst nichts!**		☐

Angeleiteter Test 1 – School

Erster Prüfungsteil: Hörverstehen

Aufgabe 1: Hörverstehen Teil 1

Welcome to The Hayesbrook School

 Track 4

John and his parents have moved to Tonbridge. John, 17, has to go to a new school. Together with his parents he has made a checklist of things that are important for him in his new school.
You are going to hear some information about The Hayesbrook School in Tonbridge. Find out if that school is a good choice for John by marking the items on his checklist.

AUFGABEN

- First read John's checklist. You have two minutes to do this.
- Then listen to the text.
- Listen to the text twice.
- Decide whether the school is OK for John or not.
- Tick the correct box for each statement.

John's checklist:	yes	no
1. Will there be any girls in my class?	☐	☐
2. Has the school got modern facilities?	☐	☐
3. Does the school offer special classes for art?	☐	☐
4. (John has been learning Spanish for a while.) Does the school have an exchange programme with a partner school in Spain?	☐	☐
5. Can I wear jeans to school?	☐	☐
6. Is my gold earring a problem?	☐	☐

LÖSUNGSHILFEN

Wenn du die Aufgabenstellung genau gelesen hast, dann weißt du, dass es hier um selektives Hörverstehen geht. Du erinnerst dich hoffentlich an die *three steps* (TIPP S. 26). Hast du sie angewendet? Deshalb musst du beim Hören auf folgende Punkte achten:

1 girls, 17: Es reicht nicht zu überlegen, ob Mädchen überhaupt erwähnt werden, du musst auch darauf achten, ob es Einschränkungen gibt, die mit der Klassenstufe und dem Alter zu tun haben.

2 school building, facilities, modern: Hier interessieren dich Aussagen zu Alter und Einrichtung der Schule.

3 special, art: Gibt es an der Schule irgendwelche Schwerpunkte und wenn ja, in welchen Fächern?

4 exchange, Spain: Gibt es Partnerschulen? Auch in Spanien?

5 dress code, school uniform, trousers: Gibt es Kleidungsvorschriften? Auch für die älteren Schüler?

6 earring, jewellery: Dürfen Schülerinnen und Schüler Schmuck tragen?

Achtung: In Punkt 5 will John wissen, ob er Jeans tragen darf – falls ja, wäre „yes" anzukreuzen. In Punkt 6 will er wissen, ob es Probleme mit seinem Ohrring gibt, also ob er diesen etwa nicht tragen darf. Wenn du herausfindest, dass Jungen Ohrringe tragen dürfen, gibt es also kein Problem für John und du müsstest „no" ankreuzen.

Aufgabe 2: Hörverstehen Teil 2

School subjects

 Track 5

You are going to hear five extracts from different classes at school. Find out which subject is being learned in each extract.

AUFGABEN

- First look at the list of subjects below. You have two minutes for this.
- Then listen to the five extracts.
- Choose the right subject for each extract.
- There is one more subject than you need.

subject	extract no.
Art	
English	
Geography	
History	
Home Economics	
Maths	

Die *three steps* machen dir deutlich, dass es hier um globales Hörverstehen geht und du deshalb nicht auf jedes Detail achten musst. Dir dürfte schnell klar sein, worum es geht. Ein Problem könntest du haben, wenn du ein Schulfach nicht kennst, so wie hier vielleicht „Home Economics". Falls du das aus dem Begriff heraus nicht erschließen kannst *(home* = „Heim" oder „Haus" in Verbindung mit *economics* = Ökonomie, also irgendetwas mit „Wirtschaft"), dann hast du ja noch die Möglichkeit, dass du aus dem Hörtext heraus auf die richtige Lösung kommst. Es bleiben nur zwei Fächer übrig, wenn du vier der Ausschnitte den dir bekannten Fächern zugeordnet hast – und du wirst wahrscheinlich erkennen, dass eines davon nicht in Frage kommt. Diese Strategie kann dir bei solchen *matching*-Aufgaben übrigens immer helfen.

Zweiter Prüfungsteil: Leseverstehen – Wortschatz – Schreiben

Aufgabe 3: Leseverstehen

In her diary, Charlene writes about the first days of her exchange visit to Germany.

AUFGABEN

- First read the text.
- Then do the tasks **1–7.**

Charlene's Diary

Monday, Sept. 4

Tomorrow is the big day. I'm all packed and ready to go. Suddenly, I'm not sure anymore whether I really want to go. I'm very nervous. What if my host family is not very nice? What if I don't understand them? What if I don't get on with Tina? What if the food is terrible? What if I miss home? I'd better   5 go to sleep.

Tuesday, Sept. 5

Although I'm dead-tired, I can't sleep. The flight was OK. Once we got to Dortmund Central Station, we all got picked up by our host families. It all happened very quickly. Before I knew it, my suitcase was taken off my hands 10 and stuffed into the boot of a big Mercedes. I didn't even have time to say goodbye to Lisa. Everyone was very quiet in the car and I was quite glad about it. After a short trip we arrived at the house. I couldn't believe my eyes. The house is very big and really cool. Everything is bigger, more modern and stylish than at home. I even have my own room!   15

Dinner was a bit strange: dark bread, lots of cheese and cold meat which they call "Wurst" and salad. Very healthy. They have their main meal at lunchtime. We had some "Gulasch" with dumplings and salad, of course. The meat was very nice but I wasn't too keen on the dumplings. Tina is alright. Her English is not brilliant but it's still much better than my German. Her dad doesn't say 20 much but her mum is really nice and she speaks English pretty well. So I think I'm going to be fine as long as she is around. Tina's little brother Tristan is sweet but he keeps talking to me in German and I don't really understand him.

25 Tomorrow we are going to school. We have to get up at six o'clock! School starts at 7.30. What sort of time is that? We are going to school by bike. Tina said it's a fairly short ride, about a quarter of an hour. In the first lesson we are going to meet up to see how everyone is getting along with their host family. Lisa has already sent me a text message telling me that she's OK. I hope her host family doesn't live too far away from mine. I'll have to ask Tina.

30

Wednesday, Sept. 6

School is quite different here. Nobody wears school uniform, everything is more relaxed than at home. You can even eat and drink in some classes. I didn't really understand much in Tina's lessons but Art was OK. They were doing

35 some practical work and we could have a go as well. What I really liked was when we went to the English lesson of a Year 5 class. They asked us lots of questions which we had to answer. In the afternoon we met up in town and went shopping. I bought myself some cool clothes and a beer mug for dad. Lisa's partner Chrissie is a friend of Tina's, so we will be able to do quite a

40 few things together. That's great. Tonight we went ice-skating.
It was a lot of fun even though I was pretty rubbish at it. I met a cute German boy. His name is Alex. Tomorrow evening we are going to a disco and he will be coming, too. I can't wait!

AUFGABEN

- For tasks **2, 4, 5, 6 and 7** decide if the statements are true or false and tick the correct box.
  Then finish these sentences. You can quote from the text
- For task **1** tick the correct box. Tick only one box for this task.
- For task **3** finish the information.

1 How does Charlene feel before she leaves for Germany?
a) She is afraid of the flight ☐
b) She feels homesick. ☐
c) She is worried because she doesn't know what to expect. ☐

2 Charlene's host family is wealthy.
This statement is
a) true ☐
b) false ☐
because the text says

_____

3 Charlene has mixed feelings about the food in her host family.
How do we know? Give two examples from the text:

a) _____

b) _____

2 Charlene's German is better than Tina's English.
This statement is
a) true ☐
b) false ☐

because the text says

_____

5 They go to school by bike because it is not very far.
This statement is
a) true ☐
b) false ☐
because the text says

_____

6 Charlene buys a present for her father.
This statement is
a) true ☐
b) false ☐
because the text says

_____

7 Charlene does not like ice-skating.
This statement is
a) true ☐
b) false ☐
because the text says

_____

LÖSUNGSHILFEN

Dir ist sicher klar geworden, dass es hier um konkrete Informationen geht, die du im Text finden musst. Erinnere dich daran, was du im Kapitel „Leseverstehen" geübt hast.

1 Zunächst musst du den Tagebucheintrag finden, in dem es um den letzten Tag zu Hause geht. Es ist offensichtlich, dass es sich um den Montag (4.9.) handelt. Suche in diesem Eintrag, welche der drei angebotenen Aussagen zutrifft. Achte vor allem auf die Fragen, die sich ihr stellen.

2 Du wirst gesehen haben, dass nirgendwo im Text direkt steht, ob Tinas Familie eher reich oder eher arm ist. Suche nach Anzeichen für die finanzielle Situation. Sie fahren z. B. einen Mercedes und haben ein großes Haus. Was schließt du daraus?

3 Suche den Abschnitt, in dem es um das Essen geht. Sie benennt hier die Dinge, die es zu essen gibt. Das sind reine Sachinformationen. Suche nach Sätzen, in denen sich ihre Gefühle zeigen, wo es also nicht um präzise Sachaussagen geht oder wo sie von sich selbst schreibt.

4 Suche den Abschnitt, in dem es um die sprachlichen Fähigkeiten geht. Charlene vergleicht hier ihr Deutsch mit Tinas Englisch. Da steht die Lösung der Aufgabe direkt im Text.

5 Gehe wieder zur entsprechenden Textstelle und du wirst sehen, dass auch hier die Lösung genannt wird („a fairly short ride").

6 Der letzte Abschnitt beschreibt Charlenes Einkäufe. Ist etwas für ihren Vater dabei?

7 Es geht immer noch um den letzten Abschnitt. Charlene äußert sich hier auch zum Eislaufen. Es findet sich der Satz: "It was a lot of fun even though I was pretty rubbish at it." Er enthält eine positive und eine negative Aussage. Eine bezieht sich auf das Eislaufen und die andere auf sie selbst.

Aufgabe 4: themenbezogener Wortschatz

Every year lots of German pupils take part in school exchanges with English-speaking countries like Britain, the USA, Australia or Canada and stay with their host families for one or two weeks.

AUFGABEN

• Fill in or tick the correct box

1 In Britain you can _____ attend a comprehensive school _____ a grammar school.

2 When you move to Britain or the USA and go to school there you usually don't know what to
a) accept. ☐
b) expect. ☐
c) except. ☐
d) exact. ☐

3 You will wonder what a school building in another country will look
a) as. ☐
b) how. ☐
c) like. ☐
d) than. ☐

4 You will be afraid _____ will be difficult because you are not sure if you speak the language well enough.

5 In the USA or Britain there are not only normal lessons like in Germany but also a lot of _____ activities, often in the afternoon.

6 School in another country might be a special _____ .

7 Like in Germany _____ might be a problem because there are always students who like frightening or even hurting weaker students.

8 On the other hand students in another country might _____ differently from students in your own country.

LÖSUNGSHILFEN

In allen Fragen geht es um Wörter, die du sicher schon gelernt hast und wahrscheinlich alle kennst. Falls du dennoch einige vergessen haben solltest und nicht auf die erforderliche Anzahl kommst, helfen dir die folgenden Hinweise:

1 Hier musst du sehr genau lesen. Du siehst, dass zwei Wörter eingesetzt werden sollen, die irgendwie die Teile des Satzes miteinander in Beziehung setzen. Es geht um etwas, das man in Großbritannien tun kann („can"), und zwar werden zwei Möglichkeiten von Schule erwähnt („comprehensive school" und „grammar school"). Man kann entweder zu der einen oder zur anderen gehen. Du kennst sicher die Formulierung „either – or" im Englischen, um dieses „entweder – oder" auszudrücken.

2 Die hier vorgegebenen Wörter sind einander sehr ähnlich und können dich leicht verwirren. Das ist bei Aufgaben dieser Art häufig so. Es ist wichtig, alle Wörter genau anzuschauen und dann mit dem eigenen Wissen abzugleichen, welches hier eingesetzt werden kann.

Aufgrund des Satzbaus („what to ...") ist klar, dass hier ein Verb folgen muss. Das bedeutet, du kannst die Antworten c) und d) ausschließen, da es sich hier nicht um Verben handelt („except" – Präposition; „exact" – Adjektiv. Beide gibt es zwar auch als Verben, diese gehören aber nicht zu dem Wortschatz, der von dir erwartet wird.). Bei a) und b) musst du die Bedeutung der beiden Verben kennen, um dich für die richtige Lösung („expect" = erwarten) entscheiden zu können. Eine Hilfe ist hier wieder über das Deutsche möglich: Die Bedeutung von „accept" lässt sich aus dem deutschen „akzeptieren" erschließen.

3 Alle diese kurzen Wörter können in unterschiedlichen Zusammenhängen gebraucht werden. Und alle können auch mit „look" zusammen verwendet werden. Also musst du zunächst den Sinn des Satzes herausfinden. Es fällt sicher nicht schwer zu erkennen, dass es hier darum geht, wie die Wohnung aussieht. Damit ist klar, die Lösung muss c) sein.

"Look as" kann nicht am Ende eines Satzes stehen, weil immer noch etwas folgen muss, z.B. „look as if/though" („aussehen, als ob ...") oder „look as pretty as ..." (im Vergleich mit etwas anderem).

Gleiches gilt für „look how", auch hier kann ein Satz in der Regel nicht enden, und die Bedeutung ist eine andere *(Look how beautiful this is.)*. Und auch bei „look out" stimmt die Bedeutung nicht. Es geht bei beiden nicht darum, wie etwas aussieht, sondern um schauen als aktive Tätigkeit.

4 Die Angst, von der die Rede ist, kannst du bestimmt gut nachvollziehen, vor allem, falls du noch nie allein in einer fremdsprachigen Umgebung warst. Welche Wörter fallen dir ein, um zu benennen, was hier als schwierig empfunden wird? Es gibt unterschiedliche Möglichkeiten, die Lücke zu füllen, z.B. *understanding* oder *talking (to each other)* oder einfach *communication* (vgl. deutsch „Kommunikation"). Bei solchen Aufgaben geht es nicht darum, ein bestimmtes Wort einzusetzen. Alles, was sinnvoll ist, ist richtig.

5 Bei diesem Satz musst du auf dein Wissen über Schule in Großbritannien oder den USA zurückgreifen. Du hast wahrscheinlich im Unterricht gelernt, dass Schule in diesen Ländern meist eine Ganztagsschule ist und dass es neben den Fächern Aktivitäten gibt wie z.B. *drama club, photography, cheerleading* etc. Den Begriff „extra-curricular activities" kennst du dann auch.

6 Hier brauchst du etwas Fantasie. Unterschiedliche Lösungen sind denkbar, wie in Aufgabe 4. Möglich wären z.B. *experience, challenge, adventure* ...

7 Die in diesem Satz beschriebene Situation ist dir sicher vertraut, möglicherweise aus eigener Erfahrung oder aber aus Lehrbuchgeschichten. Es geht um den Begriff, der die hier benannten Verhaltensweisen (*frightening* or *hurting others*) auf den Punkt bringt. Wenn dir nun das Verb „bully" einfällt, musst du noch überlegen, in welcher Form es in den Satz passt. Es steht vor den Verbformen „might be". Das ist die Stelle, die im Englischen immer dem Subjekt des Satzes vorbehalten ist, also der Person oder der Sache, von der das Verb abhängt. Es muss sich also um ein Nomen handeln. Da „bully" ein Verb ist, brauchst du eine Möglichkeit, aus einem Verb ein Nomen zu machen. Das geschieht im Englischen dadurch, dass du an das Verb „-ing" anhängst, hier also „bullying".

8 Wieder ist die Position im Satz wichtig. Nach „might" muss ein Verb folgen. Überlege nun, welche Möglichkeiten es in diesem Zusammenhang gibt. Möglicherweise denkst du als einfachste Lösung an das Verb „be". Doch da gibt es ein Problem, wenn du dir das folgende Wort anschaust: „differently". An der Endung „-ly" erkennst du, es handelt sich um ein Adverb. Erinnere dich nun daran, dass „be" nicht mit Adverbien gebraucht wird, es heißt immer „It is good. He is different. I was poor." usw. Also brauchst du ein anderes Verb. Passen könnten z.B. „behave" oder „act".

Aufgabe 5: Schreiben

What's the point of school uniform?

The following text is taken from a blog in The Guardian Online, *from October 3, 2013. At Chloe Spencer's school they have introduced school uniform for sixth formers.*

You might hate your school uniform, but I think it's there for good reason, says 15-year-old **Chloe Spencer**

A shirt, tie and blazer may not be the ingredients for my favourite outfit, but if I were given the choice, I wouldn't throw away the idea of school uniform. Wearing a uniform is a badge of pride, creates an identity for a school and is an important part of being a school student.

"Uniforms show that you are part of an organisation. Wearing it says we're 5 all in this together," Jason Wing, head teacher at the Neale-Wade academy in Cambridgeshire, says.

"Also, if you wear your uniform with pride, it means you are half way there to being respectful, buying into[1] what the organisation is all about."

Claire Howlette, an English teacher, agrees: "Uniforms give students a sense 10 of belonging to a particular school and create an identity for the school in the community."

My school is one of many that seem to be reverting to a more formal uniform – this September I will be wearing a shirt and blazer instead of my old jumper and polo shirt. A number of students have complained about the change, but 15 general opinion is that the jumpers and polo shirts were "childish".

A school uniform teaches students to dress smartly and take pride in their appearance. Howlette says: "Uniforms help students to prepare for when they leave school and may have to dress smartly or wear a uniform."

Some people believe that a school uniform can improve learning by reducing 20 distraction, sharpening focus on schoolwork and making the classroom a more serious environment, allowing students to perform better academically. Perhaps most importantly, a uniform means students don't have to worry about peer pressure when it comes to their clothes. When everyone is dressed the same, worrying about what you look like isn't so important. There is no 25 competition about being dressed in the latest trend, which would put a great deal of financial pressure on students and parents. Potential bullies have one less target for their insults; it's hard to make fun of what someone is wearing when you're dressed exactly the same.

In America, where a majority of schools do not have a uniform, roughly 160,000 30 children miss school every day due to fear of attack or intimidation by other students. This might not be directly linked to what they're wearing, but having a uniform can be a safety net for many students who might otherwise suffer

from bullying. A strict uniform gives the impression that rules are strict too,
35 perhaps helping maintain a sense of order at school.
[...]
Although it might seem a shame to miss out on those two years of dressing
as you like at school, I welcome the smart dress code[2]. Not only does it make
getting dressed each morning a lot easier, but it sets sixth formers up as role
40 models for younger students, and that's important.
Macy Vallance, a year-eight student, says: "I like uniforms because everyone
is the same and no one can be left out by the way they are dressed. Our new
uniform looks smarter, which is good."
My uniform might not be what I would wear in my own time, but it gives
45 me a sense of belonging, takes away the pressure of what to wear and deters
the bullies. School uniform isn't fashionable, but that's exactly why I think
it should be here to stay.

1 to buy into – to believe sth., *here:* what this school stands for

2 dress code – *here:* another word for school uniform

AUFGABEN

- Read the tasks carefully.
- Write complete sentences.
- Make sure to write about all the aspects presented in each task.

1 What are Chloe Spencer's arguments for wearing a school uniform?

2 Which of these arguments do you consider important and which not? Explain why.

3 You have a choice here: Choose one of the following tasks.

a) Imagine you are totally against wearing a school uniform. Write an e-mail to Chloe and explain why.

b) In the text an English teacher says, "Uniforms give students a sense of belonging to a particular school and create an identity for the school in the community." Do you feel that at your school there is something like a school identity? If yes, how does it work? If no, what can be done to create it?

LÖSUNGSHILFEN

Lösungshilfe zu Aufgabe 1:

Mach dir zunächst klar, was hier von dir verlangt wird. Es geht darum, welche Gründe die Schülerin Chloe Spencer für das Tragen einer Schuluniform anführt.
Suche also im Text nach Argumenten, die für eine Schuluniform sprechen. Sprachlich ist das oft daran zu erkennen, dass Formulierungen verwendet werden wie "(wearing/having a) school uniform is/creates/shows/says/means/gives/teaches/helps/can do something".

Wenn du beim Lesen genau hinschaust, bemerkst du auch, dass Chloe Spencer neben ihren eigenen Argumenten auch die anderer Personen zitiert. Das tut sie natürlich, um ihrer Meinung mehr Gewicht zu verleihen. Um deine Schreibaufgabe vorzubereiten, wäre es nun sinnvoll, alle Argumente zu markieren und vielleicht zu nummerieren. Dabei könntest du auch schon markieren (z. B. mit unterschiedlichen Farben), welche die Argumente der Autorin sind und welche von anderen Leuten stammen.

Folgende Formulierungen müsstest du markiert haben:

1 Wearing a uniform is a badge of pride, creates an identity for a school and is an important part of being a school student.

2 Uniforms show that you are part of an organisation. Wearing it says we're all in this together. (head teacher)

3 it means you are half way there to being respectful (head teacher)

4 Uniforms give students a sense of belonging to a particular school and create an identity for the school in the community. (English teacher)

5 A school uniform teaches students to dress smartly and take pride in their appearance.

6 Uniforms help students to prepare for when they leave school and may have to dress smartly or wear a uniform. (English teacher)

7 a school uniform can improve learning by reducing distraction, sharpening focus on schoolwork and making the classroom a more serious environment. (some people)

8 a uniform means students don't have to worry about peer pressure when it comes to their clothes.

9 Potential bullies have one less target for their insults;

10 having a uniform can be a safety net for many students who might otherwise suffer from bullying.

11 A strict uniform gives the impression that rules are strict too, perhaps helping maintain a sense of order at school.

12 I welcome the smart dress code. Not only does it make getting dressed each morning a lot easier, but it sets sixth formers up as role models for younger students, and that's important.

13 I like uniforms because everyone is the same and no one can be left out by the way they are dressed. (student)

14 it gives me a sense of belonging, takes away the pressure of what to wear and deters the bullies.

15 School uniform isn't fashionable, but that's exactly why I think it should be here to stay.

Schon beim Markieren werden dir sicher Ähnlichkeiten aufgefallen sein. Manche Argumente kommen mehrfach vor, andere hängen eng zusammen. In der Regel sieht man das schon an Formulierungen beziehungsweise Worten, die sich wiederholen, oder an ähnlichen Worten für den gleichen Gedanken. So kann man z. B. den Gedanken einer Schulidentität ("create an identity for a school") als Synonym verstehen für „sich als Teil von etwas fühlen" ("you are part of something"). Manchmal kommen auch mehrere Aspekte zu einem übergeordneten Gedanken zusammen, oder es folgt ein Gedanke aus einem anderen. Wenn du zudem noch einmal den letzten Satz liest und mit deiner Liste vergleichst, wirst du bemerken, dass er eine Art Zusammenfassung der für Chloe wichtigen Argumente bietet. Das kann dir beim Ordnen helfen.

Sortiere nun also die Aspekte. Fasse Zusammengehörendes als ein Argument zusammen.
Deine Liste könnte dann folgendermaßen aussehen:
School uniform
• creates an identity for a school (Argumente 1–4, 11, 14)
  (identity – pride – being respectful – a sense of belonging – a sense of order and strictness)
• teaches students to dress smartly and take pride in their appearance (5)
  consequences:
  – helps students to prepare for when they leave school and may have to dress smartly or wear a uniform (6)
  – sets sixth formers up as role models for younger students (12)
• school uniform can improve learning by reducing distraction, sharpening focus on schoolwork and making the classroom a more serious environment (7)
  it makes getting dressed each morning a lot easier (12, 14) because students needn't worry about fashion (it isn't fashionable) (15)
• a uniform means students don't have to worry about peer pressure when it comes to their clothes (8 + 13); *this includes:* potential bullies have one less target for their insults (9, 10, 14).

Auf diese Weise reduzierst du die Aspekte auf vier Punkte und hast nun geordnetes Material für deinen Text. So bist du nicht in der Gefahr, den Text einfach nur zu wiederholen, da du das Ganze systematisiert hast. Du solltest nun noch überlegen, wie du deine Zuordnungen englisch formulieren kannst. Hier sind z. B. Worte wie *consequence* bzw. Adverbien oder Konjunktionen, die eine Wirkung anzeigen, nützlich *(this is why, as a consequence, for this reason* oder auch *so, in this way etc.).* Schau dir noch einmal die INFO auf Seite 37 an.

Versuche jetzt, einen zusammenhängenden Text zu erstellen. Wenn es geht, benutze eigene Wörter. Es ist aber nicht schlimm, wenn du das eine oder andere Wort aus dem Text übernimmst. Übernimm aber keinesfalls komplette Sätze, es sei denn als Zitat (mit Anführungszeichen) zur Verdeutlichung deiner Aussagen. Wichtig ist es, deine Sätze mit geeigneten Wendungen zu verbinden (auch hier hilft Seite 37 weiter).

Schreibe zunächst einen Einleitungssatz. Hinweise, was ein guter Einleitungssatz enthält, findest du in Kapitel A 4 „Schreiben" (Seite 31).

_____

_____

_____

_____

Stelle nun die Argumente für die Schuluniform dar. Schreibe auf ein Extrablatt.

LÖSUNGSHILFEN

Lösungshilfe zu Aufgabe 2:
Der erste Schritt ist wieder, die Aufgabe richtig zu verstehen. Es geht darum, die Argumente, die du in Aufgabe 1 zusammengestellt hast, zu bewerten. Du musst also überlegen, was nach deiner Ansicht wichtig ist und was weniger wichtig. Als Vorbereitung für das Schreiben könntest du die Argumente neu sortieren (wichtig – weniger wichtig) oder entsprechend markieren (z. B. mit + und – Zeichen). Das spart Zeit.

Die nächste Überlegung ist, warum du die Argumente so bewertest. Es ist wichtig, nicht einfach nur zu sagen, dass man etwas besser oder sinnvoller findet, sondern warum man dieser Meinung ist. Möglicherweise änderst du im Laufe dieser Überlegungen deine Bewertung bei dem einen oder anderen Punkt noch einmal. Das ist völlig in Ordnung.
Danach solltest du darüber nachdenken, welcher Wortschatz dir zur Formulierung deiner Gedanken zur Verfügung steht. Da es um deine Meinung geht, sind natürlich Formulierungen wie etwa *in my opinion, I think/believe, as I see it* wichtig. Weitere hilfreiche Wendungen finden sich auch wieder bei der INFO zu Verbindungswörtern auf Seite 37 (Begründung, Gegensatz). Möglicherweise willst du Argumente vergleichen. Erinnere dich also daran, wie Vergleiche im Englischen funktionieren *(as reasonable as – not as reasonable as/not so reasonable; this argument is more convincing/is better than that – is less sensible/reasonable than that; this makes more sense than that).*

Nun solltest du deinen Text schreiben. Schreibe ihn wieder auf ein Extrablatt.

Lösungshilfe zu Aufgabe 3:

Das Wichtigste ist, wohlüberlegt zu entscheiden, welche der beiden Aufgaben du angehen willst. Überlege wie bei den beiden ersten Aufgaben, was verlangt wird. Notiere hier für dich selbst, was du bei a) oder b) tun musst:

_____

_____

_____

_____

Du hast sicherlich Folgendes erkannt:

a) Für diese Aufgabe sollst du eine E-Mail schreiben. Also ist die erste Frage: Kannst du das gut? Ist es etwas, das du häufig tust? Sind dir im Englischen die hier nötigen Formulierungen geläufig? (Schau eventuell noch einmal bei der INFO auf Seite 34 nach.) In dieser Mail musst du aber auch noch eine Gegenposition einnehmen. Hast du Argumente gegen eine Schuluniform? Kannst du gut gegen jemanden argumentieren, ohne unhöflich oder schroff zu sein? Welche Formulierungen in der Fremdsprache stehen dir hierzu zur Verfügung? Nützlich sind Wendungen, die in freundlicher Form Gegensätze ausdrücken (z. B. *You might be right in saying that …, but … / This argument doesn't really convince me, I'm afraid. / This is a good point, but you might also consider …*).

b) Für diese Aufgabe sollst du etwas aus deinem direkten Umfeld darstellen. Hier wäre wichtig, dir darüber klar zu werden, ob du die Frage positiv oder negativ beantworten würdest. Dann geht es um ganz konkrete Dinge: Wie sieht die schulische Identität aus, wenn es sie bei euch gibt? Wird etwas dafür getan? Von wem? Was genau? Oder, wenn es sie nicht gibt, was könnte getan werden? Von wem? Wäre es überhaupt möglich? Denke auch wieder an die sprachliche Gestaltung. Ein *mindwalk* (siehe Seite 38) könnte möglicherweise helfen. Auch ein Blick auf Chloe Spencers Argumente gibt dir Hinweise.

Nun entscheide dich für eine Aufgabe und schreibe den entsprechenden Text auf ein Extrablatt.

Zudem könnten folgende Begriffe hilfreich sein:
school spirit, atmosphere, to feel comfortable/at home/at ease, to miss something/nothing, to enjoy going to school/activities, to be happy/glad …

Test 1 – Auswertung

Zeitplanung

So, der erste Beispieltest ist geschafft. Nun kann es an die Auswertung gehen. Zunächst musst du dir klarmachen, wie deine Zeitplanung aufgegangen ist. Wenn du, wie in den Bearbeitungshinweisen empfohlen, bei jeder Einzelaufgabe notiert hast, wann du damit begonnen und wann du sie beendet hast, wird es dir nicht schwerfallen, die folgende Tabelle auszufüllen:

Prüfungsteil	Zeitvorgabe (Minuten)	benötigte Zeit
1: Hörverstehen Teil 1	10	
2: Hörverstehen Teil 2	10	
3: Leseverstehen	20	
4: Wortschatz	15	
5: Schreiben	65	
(zweiter Teil insgesamt)	(100)	
Überarbeitung	10	
Test insgesamt	**120** (+ 10 Bonus)	

Wenn du deutlich von den Vorgaben abweichst, solltest du überlegen, woran das liegen könnte, und daraus für das nächste Testbeispiel Schlussfolgerungen ziehen.

Wahrscheinlich wirst du feststellen, dass du bei den Hörverstehensaufgaben ganz gut in der Planung liegst oder auch mit weniger Zeit auskommen würdest. Hier hast du wenig Möglichkeiten, die Bearbeitungszeit zu beeinflussen, weil sie von der Länge der Hörtexte abhängt. Bei der ZP sind diese aber mehrfach erprobt, und es wird sicher so sein, dass du mit der Arbeitszeit zurechtkommst.

Beim den anderen Aufgaben gibt es keine festen Vorgaben für die Einzelaufgaben, und du wirst wahrscheinlich deutlicher abweichen. Dafür kann es viele Gründe geben. Wenn du z. B. merkst, dass du nicht genug Zeit für die Schreibaufgaben hattest, dann hast du an einer anderen Aufgabe länger gearbeitet, als du solltest. Bei den folgenden Tests gehst du in diesem Fall am besten so vor, dass du dir für jede Aufgabe selbst eine Zeitvorgabe machst, deinen Wecker stellst und die Aufgabe beendest, sobald dieser klingelt – auch wenn du noch nicht fertig bist. Du wirst nach und nach herausfinden, wie viel Zeit du für eine Aufgabe sinnvollerweise ansetzen solltest. Dabei ist natürlich auch wichtig, dass du deine Lösungen mit denen des Lösungshefts vergleichst. Solltest du dabei feststellen, dass du eine Teilaufgabe nicht so gut gelöst hast, dann könntest du als ersten Schritt für diesen Aufgabentyp mehr Zeit beim folgenden Test einplanen.

TIPP zur Zeitplanung in Teil 2

1. Mache dir klar, wie viel Zeit du für eine Aufgabe (oder Teilaufgabe) hast.
2. Stelle deinen Wecker entsprechend ein.
3. Beende die Aufgabe, wenn der Wecker klingelt – auch wenn du noch nicht ganz fertig bist.
4. Notiere die Zeit.
5. Plane einen Zeitpuffer am Ende ein (ca. 10 Minuten), den du nutzen kannst, um eventuell noch einmal zurückzugehen oder Lösungen zu überarbeiten.

Lösungen auswerten

Bei den Hörverstehensaufgaben, den Aufgaben zum Wortschatz oder zum Leseverstehen gibt es eindeutig richtige oder falsche Lösungen, die du leicht kontrollieren kannst. Solltest du einen Fehler gemacht haben, dann schau dir die Aufgabe noch einmal an und versuche herauszufinden, was du falsch gemacht hast.

Bei den Aufgaben, bei denen du längere Texte schreiben sollst, können die Lösungen nicht eindeutig richtig oder falsch sein. Es gibt daher auch nur Lösungsvorschläge. Für dich ist die Kontrolle hier deutlich schwieriger. Wenn du sprachliche Fehler gemacht hast, dann wirst du das wahrscheinlich nicht so leicht bemerken – sonst hättest du sie ja wahrscheinlich gar nicht gemacht. Hier wäre es sicher besser, wenn eine andere Person, etwa ein Klassenkamerad oder eine -kameradin, deine Lösungen kontrolliert und ihr anschließend gemeinsam überprüft, welche Fehler du gemacht hast. Vielleicht kannst du auch deine Lehrerin oder deinen Lehrer fragen, ob sie oder er deine Übungen durchsieht. Was den Inhalt betrifft, gilt eigentlich dasselbe: Eine andere Person kann sicher besser als du selbst bewerten, wie nahe du dem Lösungsvorschlag gekommen bist beziehungsweise wo du deutlich abweichst.

Wenn du niemanden finden kannst, der mit dir zusammenarbeitet, dann lass auf jeden Fall mindestens einen Tag vergehen, bevor du dir die Lösungen im Lösungsheft ansiehst. Dann hast du deine eigenen nicht mehr so genau im Kopf und es wird dir leichterfallen, deine Texte „neutral" durchzusehen und Fehler zu erkennen. Nimm dir auf jeden Fall viel Zeit und Ruhe für die Kontrolle und mache dir klar, was gut geklappt hat und was nicht. Am besten schreibst du es hier auf:

Das ist mir gut gelungen:
_____

(z. B.: Ich habe keine Probleme mit der Zeiteinteilung bei … gehabt.
_____

Die Hörverstehensaufgaben habe ich überwiegend richtig gelöst. …)
_____

_____

_____

_____

_____

Das war schwierig für mich:
_____

(z. B.: Bei Aufgabe … habe ich zu viel Zeit benötigt.
_____

Ich hatte Schwierigkeiten bei …)
_____

_____

_____

Was bedeutet dies für den nächsten Test?

Notiere hier, was du beim nächsten Test besser machen beziehungsweise worauf du besonders achten möchtest. Das kann die Zeitplanung ebenso betreffen wie die Bearbeitung einzelner Teilaufgaben. Lies dir das, was du hier notierst, auf jeden Fall noch einmal durch, bevor du dich an den nächsten Test heranwagst!

Darauf möchte ich beim nächsten Test genauer achten:
_____

_____

_____

_____

Vorschläge zur Wortschatzerweiterung

Du hast dich in diesem Test mit dem Thema Schule beschäftigt und sicherlich gemerkt, dass du in diesem Bereich schon über eine Menge sprachlicher Möglichkeiten verfügst. Eine Erweiterung deiner Fähigkeiten ist aber in jedem Fall sinnvoll. Deshalb findest du hier ebenso wie im Anschluss an die folgenden Beispieltests Ideen und Vorschläge, die dir dabei helfen werden. Diese sind nicht so zu verstehen, dass du sie alle in der vorgegebenen Reihenfolge durcharbeiten musst, sondern du solltest selbst entscheiden, welcher Idee du nachgehen willst. Wichtig ist, dass du dich auf jeden Fall damit beschäftigst und zumindest einige der Schritte auch tatsächlich durchführst.

Auf der Grundlage dessen, was du in diesem Test gehört, gelesen und geschrieben hast, fällt es dir sicher nicht schwer, mit der Technik des *mindwalking* (siehe Kapitel A 5 „Wortschatzerweiterung – Wortfelder", S. 38) zunächst eine Bestandsaufnahme dessen zu machen, was du bereits weißt, um dann eventuell noch vorhandene Lücken zu füllen oder deinen Wortschatz in weitere Bereiche auszudehnen. Dein wichtigstes Hilfsmittel ist hier natürlich ein Wörterbuch.

Step 1: Sit back, relax and imagine your school. What does it look like? Where is which room? What is in each room? Do you see any pupils or teachers (or anybody else)? Who? Where? What are they doing?
Mache einfach einen gedanklichen Rundgang durch deine Schule:

I enter the school building through the main entrance. Then I walk _____

In the office, there is the secretary, Mrs _____ *. She is working at her desk*

_____ *In classroom 102, Mrs* _____ *is teaching 6a, they are doing a*

History lesson. At the moment they are watching a film about _____

_____

The caretaker is working in the corridor. He is _____ .

Step 2: Jetzt bietet sich wieder an, eine grobe Skizze deiner Schule anzufertigen, deinen Weg durch Pfeile zu markieren und die Skizze zu beschriften, so wie du es im Kapitel A 5 „Wortschatzerweiterung – Wortfelder" gelernt hast.

Step 3: Sollten dir bei deinem *mindwalk* Lücken aufgefallen sein, kannst du diese nun mithilfe deines Wörterbuchs füllen und in die Skizze übernehmen.

Step 4: Erstelle nun einen **key** (vgl. wieder Kapitel A 5) zu deiner Skizze, z. B. eine Tabelle, in der du die Begriffe aus deiner Skizze systematisch anordnest. Hier kannst du natürlich weitere Begriffe ergänzen, die dir jetzt einfallen, wenn du systematisch vorgehst. Vielleicht hast du ja bei deinem Rundgang einige Räume vergessen? Oder es fallen dir weitere schultypische Gegenstände ein? Vervollständige auch die Liste der Fächer.

rooms	objects	people	subjects	activities
classroom	desk	student	History	work
office	beamer	secretary		teach
corridor	computer	caretaker		watch
...	...	...	...	...

Step 5: Ist dir schon einmal aufgefallen, dass es meistens recht einfach ist, die Vokabeln für Gegenstände oder Personen, also Nomen zu lernen? Andere Wortarten zu lernen, fällt oft schwerer. Du hast in deiner Tabelle oben schon eine Reihe von Verben in der Kategorie „activities" zusammengestellt. Schau sie dir noch einmal an und überlege, ob dir nicht ein paar weitere schultypische Tätigkeiten von Lehrern oder Schülern einfallen. Versuche es mit einen *mindwalk* durch die Zeit, indem du einen ganzen Schultag zeitlich an dir vorüberziehen lässt. Welche Tätigkeiten (geistige und körperliche) führst du im Laufe eines Schultages (auch bei den Hausaufgaben) aus?

When I arrive in my classroom, I sit down at my table and start talking to my

classmates. Then the teacher enters, says „Good morning" and tells us to ...

So we start to ...

Auch diesen *mindwalk* kannst du ordnen: Gehe von deinem Tagesablauf aus und notiere an einem Zeitstrahl oder einer Art Stundenplan, was dir eingefallen ist. Sicherlich kommst du so auf neue Aspekte, mit denen du deine Tabelle aus *step 4* ergänzen kannst.

Step 6: Bisher bist du von deiner eigenen Schulerfahrung ausgegangen. Was weißt du aber über Schulen in Großbritannien? Da gibt es einige Dinge, die bei uns nicht üblich sind. Erinnere dich an das, was du über britische Schulen gelernt hast. Versuche jetzt einen Perspektivwechsel und begib dich auf einen *mindwalk* als britischer Schüler oder britische Schülerin in einer britischen Schule. Denke entweder an einen Tagesablauf oder überlege, wie du dir die Schule vorstellst.
Wenn du dir nicht sicher bist, dann findest du im Lehrbuch ganz bestimmt eine *unit,* die mit dem britischen Schulsystem zu tun hat. Du kannst auch die Website einer britischen Schule besuchen und diese im Hinblick auf neue Punkte oder brauchbare Formulierungen **scannen** (siehe wieder Kapitel A 5). (Ein ergiebiger, leicht verständlicher Fundort ist z. B. https://www.woodlands.kent.sch.uk/)
Mit den Ergebnissen kannst du deine Tabelle um Aspekte ergänzen, die es in Großbritannien gibt, aber nicht bei uns. Das funktioniert nicht bei allen Kategorien, aber doch bei einigen, z. B.:
– Subjects: Drama ...
– Activities: pupils and teachers assemble in the assembly hall

Step 7: Bisher hast du sprachliche Mittel für ganz konkrete Dinge rund um Schule gesammelt. Wende dich jetzt einmal abstrakteren Aspekten zu (mit der Liste der Schulfächer hast du das schon begonnen). Überlege, welche Schultypen oder Schulformen es gibt. Dir ist sicherlich auch klar, dass die Schulsysteme in verschiedenen Ländern unterschiedlich gestaltet sind, dass also auch die Schulformen nicht immer ein wirkliches

Gegenstück im jeweils anderen Land haben. Versuche in der folgenden Liste englischer Schultypen entweder das deutsche Gegenstück zu ergänzen oder aber zu erklären, um was für eine Art Schule es sich handelt.

Britain	Germany
primary school	
comprehensive school	
grammar school	
independent school	
boarding school	

Checkliste für Testbeispiel 2

Bevor du nun mit Test 2 beginnst, gehe erneut die bereits bekannte Checkliste durch. Die Zeitvorgaben solltest du hier selbst einsetzen, aber darauf achten, dass du die Gesamtarbeitszeit für die beiden Prüfungsteile bei der Planung einhältst.

CHECKLISTE für Test 2

1. Zeit Ich habe genug Zeit, um den Test an einem Stück durchzuarbeiten. Zeitvorgaben:		☐
Für die Hörverstehensaufgaben	20 Minuten	☐
Für die Leseverstehensaufgaben	_____ Minuten	☐
Für Wortschatz	_____ Minuten	☐
Schreiben insgesamt	_____ Minuten	☐
davon Teil 1	_____ Minuten	☐
davon Teil 2	_____ Minuten	☐
davon Teil 3	_____ Minuten	☐
Puffer für Überarbeitung	(10 Minuten)	
2. Ort Ich kann hier voraussichtlich ungestört arbeiten.		☐
3. Arbeitsplatz		
– Uhr		☐
– Schreibmaterialien		☐
– für die Hörverstehensaufgaben einen Zugang zum Internet und zur Seite finaleonline.de		☐
– und **sonst nichts!**		☐

Angeleiteter Test 2 – Holidays and free time

Erster Prüfungsteil: Hörverstehen

Aufgabe 1: Hörverstehen Teil 1

The Great British Heritage Pass

 Track 6

You are going to hear some information about an attractive new aid for visitors to Britain. Find out about it.

AUFGABEN

- First read the statements below. (You have 2 minutes to do this.)
- Then listen to the text and tick the correct answers.
  Watch out: sometimes more than one answer is correct.
- Listen to the text twice

1 The New British Heritage Pass is valid for …
a) six days. ☐
b) one week. ☐
c) four days. ☐

2 It gives unlimited admission to …
a) castles, churches and parks. ☐
b) homes, castles and gardens. ☐
c) houses, castles and gardens. ☐

3 It costs …
a) £20. ☐
b) £22. ☐
c) £32. ☐

4 It is available to …
a) British people only. ☐
b) everybody. ☐
c) foreign visitors only. ☐

5 The pass is also available for …
a) one year. ☐
b) seven days. ☐
c) one month. ☐

Du hast selbstverständlich wieder die *three steps* angewendet. Vielleicht bist du auf ein Problem gestoßen, weil dir nicht ganz klar ist, was „heritage" bedeutet. Gerate nicht in Panik: Es kann gut sein, dass du dieses Wort für die Lösung gar nicht benötigst. Du weißt, dass es sich um etwas handeln muss, das attraktiv für Touristen in Großbritannien ist. Und wenn du die fünf Aufgaben durchgegangen bist, weißt du auch, dass es sich wahrscheinlich um einen Ausweis handelt, den man erwerben kann und der dann kostenlosen Eintritt zu Sehenswürdigkeiten ermöglicht. Du sollst also herausfinden,

1 wie lange der Ausweis gültig ist,

2 wo man ihn einsetzen kann,

3 was er kostet,

4 wer ihn kaufen kann und

5 ob es solche Ausweise auch mit anderen Laufzeiten gibt.

Wie genau der Ausweis heißt, ist völlig unwichtig für die Lösung der Aufgabe.

Aufgabe 2: Hörverstehen Teil 2

Some facts about New Zealand

 Track 7

You are going to hear somebody talking about basic facts about New Zealand.

- First read the tasks.
- Then listen to the text.
- For tasks **1, 2, 3, 4** and **7** tick the correct box.
  There is only one correct answer for each task.
- For tasks **5, 6** and **8** fill in the missing information.
- At the end you can listen to the text again.

- Now listen to the text and do the tasks.

1 New Zealand is situated about ...
a) 2000 miles south-east of Australia. ☐
b) 2000 km south-west of Australia. ☐
c) 2000 km south-east of Australia. ☐

2 New Zealand ...
a) is smaller than Britain. ☐
b) is larger than Britain. ☐
c) has a smaller population than Britain. ☐

3 New Zealand got its name from ...
a) the original population, the Maori. ☐
b) Dutch explorers. ☐
c) Polynesian people. ☐

4 Europeans began to settle in New Zealand ...

a) around 1640. ☐

b) after 1770. ☐

c) after 1840. ☐

5 The Treaty of Waitangi between the British and the Maori claimed New Zealand as

_____ .

6 In the 19th century New Zealand was systematically settled by

_____ .

7 New Zealanders are often called "Kiwis" because ...

a) of a native bird of prey. ☐

b) because of a native bird that cannot fly. ☐

c) because of a fruit that grows there. ☐

8 New Zealand's very successful rugby team is called

_____ .

LÖSUNGSHILFEN

Diese Aufgabe ist ähnlich wie die entsprechende Aufgabe im ersten Test: Es handelt sich um einen Monolog, dem du **detaillierte** Informationen zu Neuseeland entnehmen sollst. Das detaillierte Hörverstehen ist, wie du ja weißt, wohl die anspruchsvollste Form des Hörverstehens, weil du eine Fülle von Informationen verarbeiten und die jeweils passenden heraus*hören* musst. Umso wichtiger ist es, dass du die **three steps** anwendest. Ein Blick auf die Aufgabenstellung sagt dir, dass es

bei Frage 1 um die Lage in Bezug zu Australien geht, und zwar auf Richtung und Entfernung;

bei 2 um die Größe in Bezug auf Großbritannien,

bei 3 um die Entstehung des Namens – die Bezeichnung (Neu) / „Zeeland" hast du vielleicht schon einmal gehört;

bei 4 geht es um ... richtig: Jahreszahlen, und zwar 16 ..., 17 ... oder 18 ...;

bei 5 müsstest du darauf achten, ob du den Namen „Waitangi" hörst und was dazu gesagt wird;

bei 6 solltest du auf ein Jahrhundert achten – richtig: das „19th century";

7 und 8 kannst du ja vielleicht schon beantworten, ohne den Text gehört zu haben, wenn du ein wenig über Neuseeland weißt.

Vor allem aber gilt auch hier wieder: **Lass dich nicht aus der Ruhe bringen, wenn du etwas nicht verstehst!** Du hörst den Text ja ein zweites Mal, hast dann ja schon einige Aufgaben erledigt und kannst gezielter hinhören.

Zweiter Prüfungsteil: Leseverstehen – Wortschatz – Schreiben
Aufgabe 3: Leseverstehen

The following newspaper article is about a famous TV show.

AUFGABEN

- First read the text.
- Then do the tasks **1–7.**

Until *The X Factor*, my children only knew the usual British emotions ranging from amusement to quiet disappointment. Now, however, there is a new influence in our house – this TV singing competition, which has introduced tears, both the slow-rolling type and the open-mouthed kind.

We watch together, the four of us, and we see people crying because they have 5
not been allowed to stay in the competition, crying because they have been allowed to stay and sometimes crying because it's hard being in the competition not knowing whether they'll be allowed to stay or not.

This series is attracting almost 14 million viewers with its live shows – nearly half the total TV audience. Of those millions, many are quite young and try- 10
ing to work out who they are, how to behave and what they want to be when they grow up. As I watch the show, I feel very uncomfortable. I worry that we are creating a generation who expect to become rich singing Bon Jovi songs and who will cry uncontrollably every time their cappuccino foam deflates. I worry that even my own nice children may be taking in hidden messages 15
about fame and wealth.

My children are lucky. They not only get to watch the show, they also get my intelligent dad-comments. I always try to question what I see in the competition by making fun of the format. My main technique is to laugh as the contestants cry and make brilliant observations like "Oh, here we go again" 20
or "She'll be fine once the camera's gone."

I am always horrified at the contestants' desperate hunger for fame and wealth and the fact that they can't deal with losing. In my working life I do not break down if things go wrong. If a meeting goes badly, I do not cry. When my dreams are shattered, I make tea and deal with my disappointment quietly. 25
Contestants try to sing their way out of ordinary life and speak of their jobs as if they are punishments. "There's no way I'm going back to the bakery/hospital/bank," they say. I can't understand them at all. Personally, I want to have my job for as long as possible, and hope that my children will want to have paid work when they're older. What's wrong with a monthly salary? 30
What if all the nurses and receptionists gave it all up so they could wear silver trousers and sing rubbish songs?

I spoke to a London primary school headteacher, who feels strongly that the
influence of this pop-culture phenomenon is bad. "Shows like *The X Factor* and
35 others like it are hugely popular and common talking points in my playground,"
she says. "What seems like light entertainment on the surface is affecting the
emotional development of our children. Fame is seen as a right." She points
out that many children think if they want to be a singer, a footballer, a rapper,
they can. She adds that these children forget that they need talent, hard work
40 and a lot of luck to make their dreams come true.

She goes as far as to say that these shows are teaching them the wrong values.
"Schools are full of children whose aspirations are only to be famous, who
see very little value in learning, education and the world beyond their door-
step." She points out that more and more young children think it is alright for
45 them to criticize and judge others aggressively. Children younger than six are
passing harsh judgment on each other. The words and phrases they use echo
those of talent-show juries.

Sam Delaney is the editor of *Heat* magazine and features *The X Factor* weekly.
He defends a programme that brings so many families together. "*The X Factor*
50 is amazing," he says. "It is the only thing in this country that is bigger than
Premiership football. It is discussed on Monday morning everywhere from
boardrooms to building sites. Bigger than football and yet it doesn't have rac-
ism and homophobia. The fact that on Saturday nights everyone is crowded
round the telly from the grandfather to the granddaughter is as close to the
55 1950s family ideal as you will get."

When I ask my daughter if she ever wants to be famous, she says, "No. People
take your picture all the time, and it would be really irritating."
I smile and ask: "Are you just saying that because of all the stuff I say when
we watch *The X Factor*?"
60 "No, I never listen to you."

AUFGABEN

- For tasks **1, 2, 5** and **6** decide if the statements are true or false and tick the correct answer.
  Then finish these sentences. You can quote from the text.
- For task **3** tick the correct box. Tick only one box.
- For tasks **4** and **7** complete the information.

1 When the writer's children started watching *The X Factor* they were introduced to a new way of
showing emotions.
a) true   ☐
b) false   ☐
because the text says

_____

2 The writer is worried because many young people will think it is easy to earn money by singing.

a) true ☐
b) false ☐

because the text says

_____

3 When the writer watches the show together with his children, he …

a) makes funny comments. ☐
b) enjoys listening to the brilliant candidates. ☐
c) is horrified when he sees the thin, hungry candidates. ☐

4 The writer knows how to deal with problems at work. How do we know? Give two examples from the text.

a) _____

b) _____

5 A London headteacher states that TV shows like *The X Factor* are a way of getting children interested in music and sport.

a) true ☐
b) false ☐

because the text says

_____

6 She also says one effect of the show is that children lose interest in learning.

a) true ☐
b) false ☐

because the text says

_____

7 Sam Delaney points out that *The X Factor* has many positive sides. Give two examples from the text.

a) _____

b) _____

LÖSUNGSHILFEN

Bei allen Fragen geht es darum, gezielt nach Informationen zu suchen. Es folgen einige knappe Hinweise zu den einzelnen Fragen (Lösungen im Lösungsheft).

1 Im ersten Absatz weisen bestimmte Wort auf vorher und jetzt hin.
2 Lies den dritten Absatz genau.
3 Wo zitiert der Autor seine eigenen Kommentare?
4 Wo schreibt der Verfasser über sein Arbeitsleben?
5 Schau die an, was genau die Rektorin über Musik und Sport sagt.
6 Wieder geht es um die Worte der Rektorin. Was sagt sie zu Lernen und Ausbildung?
7 Lies den Abschnitt, der mit Sam Delaney beginnt.

Aufgabe 4: Wortschatz

AUFGABEN

- Sentences **1–3, 5, 8** and **12:** Fill in one or more suitable words.
- Sentences **4, 6–7, 9–11** and **13:** Tick the correct box (there is only one correct answer.)

1 When you plan a holiday you must find a place to stay. On the Internet you can find different kinds of _____ , for example hotels, holiday cottages, youth hostels etc.

2 If you _____ a room with somebody it is usually cheaper.

3 The cheapest way is perhaps if you put up a _____ on a campsite.

4 Young people sometimes prefer …
a) go ☐
b) going ☐
c) to going ☐
d) and go ☐
… to an activity centre.

5 There they have a _____ between various activities.

6 The kinds of activities on offer sometimes depend …
a) at ☐
b) from ☐
c) on ☐
d) by ☐
… the area where the centre is.

7 Especially school groups or other youth groups like to take part …
a) at ☐
b) in ☐
c) of ☐
d) with ☐
… activities like rock-climbing or mountain biking.

8 Of course, this can sometimes be _____ .

9 Last year, a new centre was …
a) open ☐
b) opening ☐
c) opened ☐
d) openly ☐
… near Inverness, in Scotland.

10 It specialises …

a) about ☐
b) on ☐
c) at ☐
d) in ☐

… water sports.

11 The reason …

a) of ☐
b) for ☐
c) why ☐
d) in ☐

… this is that it is situated on the Moray Firth, in fact on the beach.

12 But you can also _____ other sports, such as archery or rock climbing.

11 All activities are accompanied …

a) of ☐
b) from ☐
c) by ☐
d) through ☐

… experienced instructors.

LÖSUNGSHILFEN

In allen Fragen geht es um Wörter, die du sicher schon gelernt hast und wahrscheinlich kennst. Falls du dennoch einige vergessen haben solltest und nicht auf die erforderliche Anzahl kommst, helfen dir wie im ersten Test die folgenden Hinweise. Die richtigen Lösungen findest du dieses Mal aber nur im Lösungsheft.

1 Du brauchst hier einen Oberbegriff für „hotel, holiday cottage, youth hostel", also für „a place to stay". Es ist der gängige Begriff in Ferienprospekten beziehungsweise im Internet.

2 Es ist klar, dass es zu zweit in einem Zimmer für jeden billiger ist. Wie kannst du das ausdrücken?

3 Die entscheidenden Wörter hier sind „campsite" und „put up". Auf welche Art von „Unterkunft" trifft das zu?

4 Hier liegt ein grammatisches Problem vor. Du musst wissen, wie ein Satz nach „prefer" weitergeführt werden kann.

5 Man kann also auswählen. Möglicherweise kennst du mehrere englische Wörter für das deutsche „(Aus)Wahl" (z. B. *election, selection, choice).* Welches von ihnen kann im vorliegenden Zusammenhang verwendet werden? Noch ein Hinweis kann dir helfen: Die Präposition „between" kann nur nach einem dieser drei Wörter verwendet werden.

6 Hier musst du wissen, mit welcher Präposition das Verb „depend" verbunden wird.

7 Dieses Mal ist „take part" die entscheidende Wendung. Welche Präposition folgt darauf?

8 Das ist eine recht offene Aufgabe, die dir verschiedene Möglichkeiten lässt, je nachdem, was du sagen willst. Grammatisch wichtig ist, dass du ein Adjektiv verwenden musst.

9 Nach „was" ist Lösung d) grammatisch nicht möglich, weil „was" nicht mit einem Adverb (-*ly*) verbunden werden kann. Du musst nun überlegen, welche der drei anderen Lösungen hier die sinnvollste ist: a) bezeichnet einen Dauerzustand, b) etwas, das für eine begrenzte Zeit stattfindet und dann vorüber ist, c) ein Ereignis zu einem bestimmten Zeitpunkt.

10 Du musst die richtige Präposition nach einem Verb kennen.

11 Welche Präposition folgt auf „reason"? Sieh genau hin, wie der Satz weitergeht. Durch dieses Satzende ist nur eines der Wörter möglich.

12 Welches Verb kann mit „sport" verbunden werden? Es gibt mehrere Möglichkeiten. Du brauchst nur eine hinzuschreiben.

13 Noch mal eine Aussage im Passiv („is accompanied"). Welche Präposition zeigt bei einer solchen Form an, wer hier etwas tut, in diesem Fall also die Aktivität begleitet?

Aufgabe 5: Schreiben

The following article is about the ProActive Adventure Centre.

AUFGABE

• First read the text to get an overall idea.

ProActive Adventure

ProActive Adventure is an outdoor activity centre in the beautiful North Wales town of Llangollen, home of the International Eisteddfod. The company has many years of experience of providing outdoor programmes for schools and other youth groups. All our instructors are highly motivated, professionally qualified and widely experienced leaders. They all hold First Aid certificates. 5

We are based at Tyn Dwr Hall. The centre is a fantastic old country house, situated in historic woodlands. It has room for up to 72 visitors and can offer a range of accommodation from a Yurt[1] Camp to single or four-bedded en-suite rooms[2]. The cost of accommodation is very reasonable and ideal for school activity trips. The centre also has several classrooms and IT facilities as well 10 as a games room, a shop and picnic areas. The centre has disabled facilities but only for limited numbers.

There is a full range of activities on offer from which you can choose. They can be undertaken as half or full-day sessions. Most schools choose to do one activity in the morning and another in the afternoon. Evening sessions are 15 also available.

At our Llangollen centre we can offer a range of on-site activities and team development challenges. On the Climbing & Abseiling Tower you can learn new climbing skills and try abseiling on our tower. This is great for an introduction to the sport or as a group activity and very popular with our school 20 visitors. We also have a specially built BMX circuit and a High Ropes Course where you can test your nerve on the high abseil platform. There are a number of challenges high among the trees. This is a great team activity that involves everyone. Did you know that the longbow was invented in Wales? At our centre you have the chance to try this ancient skill at our archery range. Of 25 course, we also offer a number of challenges to help develop your team skills, or if you prefer they can be just for fun.

Naturally, you can also enjoy many different outdoor activities such as hill walking, mountain biking, rock climbing and abseiling. Depending on the age
30 group and level of ability these activities will vary in difficulty from easy for beginners to challenging for the experienced. If you like water sports, you can opt for kayaking or Canadian canoeing and explore nearby lakes, rivers and the scenic canals of North Wales. If you prefer expeditions with overnight camping, this can also be arranged.

35 However, if you like real adrenaline water sport, then whitewater[3] rafting is for you. We offer sessions at the national white water centre for Wales near Bala. Sessions are two hours long. Another popular but challenging activity is gorge[4] walking/gorge climbing. Gorge walking is what your mother told you not to do in rivers: Jumping off waterfalls, gorge climbing, abseiling down
40 cliffs into plunge pools, sliding down rocks and most of all getting wet!

Teachers are welcome to arrange pre-visits. We also provide a teacher pre-visit information pack which includes useful information. For bookings & general queries regarding our outdoor activity centre & our wide range of outdoor activities please contact us through the enquiry form on www.proactive-
45 adventure.com or call our Head Office on 01588 630123.

1 **Yurt** – a round tent used by nomads in central Asia

2 **en-suite room** – room with a private bath

3 **white water** – water in a river that looks white because it is running very fast over rocks

4 **gorge** – dt.: Schlucht

Quelle: www.proactive-adventure.com

AUFGABEN

• Read the task carefully.
• Write complete sentences.
• Make sure you write about all the aspects presented in each task.

1 What are the relevant facts for people who are interested in activity centres like this?
(Write about 80 words.)

LÖSUNGSHILFEN

Wie immer lautet die erste Überlegung: **Wonach ist gefragt?**

Zwei Dinge sind bei dieser Aufgabenstellung zu beachten: Erstens musst du entscheiden, was wichtig ist. Das bedeutet: Alles Nebensächliche fällt weg. Zweitens besteht eine Begrenzung auf etwa 80 Wörter, was bedeutet, dass du Dinge zusammenfassen musst, um in diesem Rahmen zu bleiben. Es geht also darum, in möglichst knapper Form die wesentlichen Fakten darzustellen. Es ist sinnvoll, wenn du zunächst überlegst (und notierst), welche Art von Informationen du selbst für wichtig halten würdest. Das erleichtert dir die Unterscheidung zwischen wesentlich und unwesentlich.

Nehmen wir als Beispiel den ersten Absatz:
Was sind hier Fakten, die als Information für Interessenten wichtig sind? Man will sicherlich wissen, um was für eine Art von Zentrum es sich handelt („an outdoor activity centre") und wo es sich befindet (in North Wales – der Name der Stadt ist nicht wichtig, wenn man die Gegend nicht kennt). Das sind überprüfbare Fakten, die sich schon im ersten Satz finden. Der zweite Satz bringt die relevante Information, wer die Adressaten sind, auf wen die Programme zugeschnitten sind („schools and other youth groups"). Es mag auch für manchen wichtig sein, dass langjährige Erfahrung bestehen soll (Zeile 5–6), doch lässt sich das schlechter nachprüfen und dient primär Werbezwecken, wie auch die folgenden Informationen („instructors are highly motivated [...]").
Gehe auf diese Weise den Text durch und markiere die relevanten Fakten in einer Farbe.

Folgende Aspekte solltest du nach dem ersten Absatz markiert haben:
– 2. Absatz:
    Art und Größe der Unterkunft („old country house", „up to 72 visitors") werden angegeben. Natürlich ist es auch wichtig, wie man genau untergebracht wird, ob in Zimmern oder in Zelten. Doch bleibt der Text hier vage, da er nur die Möglichkeiten angibt, nämlich vom Zeltlager bis zum Vierbettzimmer. Also brauchst du nur für dich festzuhalten, dass es unterschiedliche Möglichkeiten gibt (du verallgemeinerst hier, vgl. unten). Von Einzel- oder Doppelzimmern geht man in Jugendlagern ohnehin nicht aus. Man will natürlich wissen, was das Ganze kostet. Doch auch in diesem Punkt bleibt der Text vage („reasonable", „ideal for school activity trips"), er erweckt den Eindruck, es sei nicht teuer, ohne aber konkrete Preise zu nennen. Der Preis bleibt tatsächlich unbekannt. Dagegen enthalten die beiden letzten Sätze des Absatzes Fakten, die weitere Möglichkeiten angeben („classrooms", „IT facilities", etc.).
– 3. Absatz:
    Hier sollten die Angaben über die Länge markiert sein („half or full-day", „evening").
– 4. bis 6. Absatz:
    In diesen drei Abschnitten werden die unterschiedlichen Aktivitäten aufgezählt. Das sind zwar wichtige Informationen, doch kannst du in deiner knappen Zusammenstellung die Aufzählung nicht wiederholen. Sie würde zu lang, und für den Interessenten sind wahrscheinlich nur ganz wenige Punkte relevant, nämlich die Aktivitäten, die ihm wichtig sind. Zu markieren wären also die unterschiedlichen Kategorien („on-site and outdoor activities", „team development").
– 7. Absatz:
    Da hier nur die Kontaktmöglichkeiten genannt werden, gibt es keine Fakten über das Zentrum zu markieren.

Schließlich musst du die markierten Punkte zu einem Text zusammenfügen. Das bedeutet: Du musst die Fakten mit eigenen Worten verbinden. An manchen Stellen hilft es zu generalisieren, indem du statt Einzeldinge aufzuzählen eine allgemeinere Aussage machst (2. Absatz: verschiedene Arten der Unterbringung). In Bezug auf die lange Aufzählung der angebotenen Aktivitäten wäre es empfehlenswert, einige Beispiele zu nennen. Beispiele kannst du mit *for example, such as* oder einfach *like* einleiten.

Schreibe nun deinen Text zu Frage 1. (Eine Vergleichsversion findest du im Lösungsheft.)

_____

_____

_____

_____

_____

_____

_____

_____

AUFGABEN

2 Explain how the writer of the text tries to make the centre sound attractive to the reader. (Write at least 120 words.)

LÖSUNGSHILFEN

Erster Schritt: **Was sollst du tun?**

Es ist dir wahrscheinlich klar geworden, dass du erklären sollst, wie der Autor den Leser manipuliert. Es geht also um Techniken, die du sicherlich von Werbetexten her kennst. (Auch dieser Artikel ist letztlich ein Werbetext.) Manches ist schon in den Überlegungen zu Frage 1 angesprochen worden, und bei deinen eigenen Entscheidungen darüber, was wesentlich ist und was nicht, hast du bestimmt weitere Aspekte erkannt.

Suche sie heraus, und schon hast du erste Ansatzpunkte. Markiere die entsprechenden Textstellen mit einer anderen Farbe.

Es wird von dir nicht erwartet, dass du alle Manipulationstechniken des Autors erklärst. (Deshalb muss dein Text auch nicht so lang sein wie die Musterlösung im Lösungsheft.) Beschränke dich auf diejenigen, bei denen du dich sicher fühlst, und erkläre diese sorgfältig. Mache dir zu jeder Textstelle ein paar Notizen.

INFO

Folgende Formulierungen können zur Beschreibung von Werbetexten nützlich sein:
– *to influence/manipulate the reader*
– *to emphasize/reinforce/underline something*
– *to suggest something* (suggerieren)
– *to evoke an impression of ...*
– *to create suspense* (Spannung erzeugen)

Auch hier zu deiner Sicherheit wieder einige Hinweise:
– 1. Absatz:
  Zu den Textstellen vergleiche die Hilfen zu Frage 1. Welchen Eindruck erwecken die Hinweise auf langjährige Erfahrung und hochqualifiziertes Personal?
– 2. Absatz:
  Das, was das Zentrum bietet, ist natürlich an sich schon werbewirksam, vor allem in Verbindung mit der Andeutung niedriger Kosten (vgl. oben). Achte aber auch auf Adjektive wie „fantastic" und „ideal". Was bewirken sie?

– 4. – 6. Absatz:

Diese drei Abschnitte nutzen die gleichen Mittel wie der zweite: großes und attraktives Angebot an Aktivitäten sowie bestimmte Adjektive (z. B. „great", „popular"). Vielleicht fällt dir auch die Steigerung auf, die in den Absätzen 4 bis 6 stattfindet. Achte besonders genau auf das Ende des 6. Abschnittes.

Schreibe nun deinen Text auf ein Extrablatt.

AUFGABEN

3 You have a choice here. Choose **one** of the following tasks:

a) Do you think you would like to spend a week at the ProActive Adventure Centre? Give the reasons for your decision.

b) Imagine you spent a week at the centre and you did not like it at all. Write an article for your school magazine describing your stay and explaining why you did not like it. Don't forget to find a good headline for your article.

(Write at least 100 words.)

LÖSUNGSHILFEN

Das Wichtigste ist wieder, zu entscheiden, welche der beiden Aufgaben du angehen willst. Überlege wie bei den beiden ersten Aufgaben, was verlangt wird. Notiere hier für dich selbst, was du bei a) oder b) tun musst:

a) _____

b) _____

Du hast sicherlich erkannt, dass du in **Aufgabe a)** mit deinen eigenen Vorlieben und Meinungen angesprochen bist. Und du musst Begründungen liefern. Wenn du eine klare Meinung zu dem Zentrum hast und sie begründen kannst, sollte dir diese Aufgabe nicht schwerfallen. Begründungen auf Englisch zu formulieren, hast du auch bestimmt schon oft geübt. Du hast grundsätzlich zwei Möglichkeiten, deinen Text aufzubauen. Du kannst entweder mit deiner Entscheidung beginnen *(I would/would not like to spend a week at … because …)* und dann die Entscheidung begründen. Oder du stellst deine Gründe vorweg und beendest den Text mit deiner Entscheidung *(This is why I would …/For these reasons I would not …)*.

In **Aufgabe b)** geht es um die Textsorte (Schul-)Zeitungsartikel, die negative Tendenz des Artikels ist vorgegeben. Du benötigst allerdings etwas Fantasie, um konkrete Dinge über deinen Aufenthalt zu schreiben. Du solltest also zuerst überlegen, was du beschreiben willst, um deinen Aufenthalt negativ erscheinen zu lassen. Das kann ein Ereignis (oder auch mehrere) sein, es kann mit dem Zentrum selbst, den Aktivitäten oder den Menschen zu tun haben. Erst wenn du dir darüber im Klaren bist, solltest du dir einen Titel überlegen, der deinen Artikel interessant erscheinen lässt. Er sollte kurz und prägnant sein, etwas andeuten, aber noch nicht zu viel verraten, also z. B. so etwas wie *„Shock at Adventure Centre"* oder *„Experienced instructor makes a mistake"*.

Auf der sprachlichen Seite wird bei dieser Aufgabe die Zeitform der Vergangenheit *(past tense)* verlangt, da du ja über etwas schreibst, das schon vorüber ist. Du musst also sicher sein, dass du die Vergangenheitsformen beherrschst *(-ed* am Ende, bei unregelmäßigen Verben die 2. Form)*.

Triff deine Entscheidung und schreibe den entsprechenden Text auf ein Extrablatt.

Test 2 – Auswertung

Zeitplanung

Fülle zunächst wieder die Tabelle aus und mach dir damit klar, wie du mit deiner Zeitplanung zurechtgekommen bist.

Prüfungsteil	Zeitvorgabe (Minuten)	benötigte Zeit
1: Hörverstehen Teil 1	10	
2: Hörverstehen Teil 2	10	
3: Leseverstehen	20	
4: Wortschatz	15	
5: Schreiben 1. Aufgabe		
2. Aufgabe		
3. Aufgabe		
Schreiben gesamt	65	
Zeitpuffer		
(zweiter Teil insgesamt)	(100)	
Test insgesamt	**120**	

Wenn alles geklappt hat, arbeite einfach mit denselben Zeiten weiter. Falls nicht, musst du überlegen, wo du Veränderungen vornehmen kannst, und dies entsprechend bei der Vorbereitung von Test 3 berücksichtigen. Schau besonders auf die drei Teilaufgaben der Schreibaufgabe. Hier kann es leicht passieren, dass man zu lange an einem Teil arbeitet und dann bei den anderen Teilen in Zeitdruck gerät.
Wie sind deine Erfahrungen mit dem Zeitpuffer von 10 Minuten am Ende? Konntest du diese Zeit nutzen? Plane sie möglichst auch für Test 3 wieder ein.

Lösungen auswerten

Schau dir noch einmal die Hinweise zu den Lösungen bei Test 1 an. Dann solltest du deine Feststellungen wieder notieren:

Das ist mir gut gelungen:

_____

_____

_____

_____

Das war schwierig für mich:

_____

_____

_____

77

_____

_____

Darauf möchte ich beim nächsten Test genauer achten: _____

_____

_____

_____

_____

Vorschläge zur Wortschatzerweiterung

Es ging in diesem Test um das Thema „Ferien und Freizeitaktivitäten". Dir fallen bestimmt selbst Möglichkeiten ein, wie du zum Thema Freizeitaktivitäten einen sinnvollen *mindwalk* durchführen könntest. Zur Orientierung findest du im Infokasten neben diesem Text noch einmal die Grundstruktur.

Wenn du dem Prinzip folgst, zunächst bei dir selbst und deinen Erfahrungen und Fähigkeiten anzusetzen, könntest du in *step 1* z. B. von folgenden Vorstellungen ausgehen:

INFO Wortschatz erweitern
Step 1: Go on a **mindwalk.**
Step 2: Make a **mindmap.**
Step 3: **Complete** your mindmap.
Step 4: Write a **key.**
Step 5: **Use** the key.

_____

It's a nice day, the sun is shining, no homework, lots of free time ... Where shall I go?

What shall I do? What are my friends doing? Where? When? ... What would I like to

do? ... But if it's raining outside ...?

_____

Oder du orientierst dich an einem für dich und deine Familie oder Freunde typischen Wochenende, dessen Ablauf du in Gedanken durchgehst. Das könnte so aussehen:

_____

It's Saturday morning. I get up late, have a shower, get dressed, and after breakfast ... .

In the afternoon I ... In the evening ...

_____

Überlege selbst, wie du einen *mindwalk* zu diesem Thema sinnvoll gestalten möchtest.

In *step 2* solltest du deine Gedanken zu Papier bringen. Je nach Verlauf deines *mindwalk* kannst du dich an Orten orientieren (den Orten, wo du Freizeitaktivitäten betreibst) oder an zeitlichen Abläufen (wenn du etwa ein Wochenende durchgegangen bist) oder auch bereits an abstrakteren Kriterien (wie z. B. *indoor* und *outdoor activities* oder *summer* und *winter).*

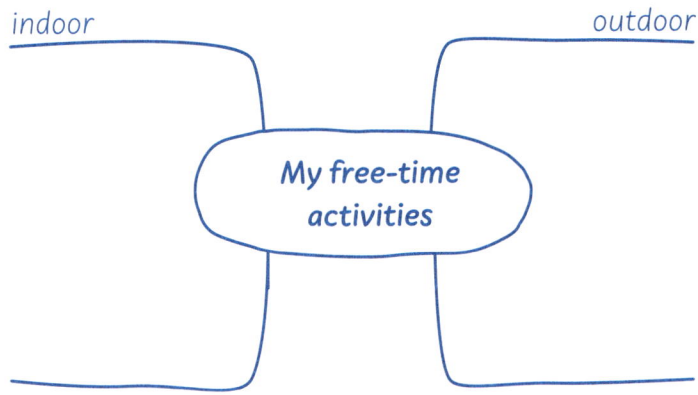

TIPP neue Wörter dauerhaft „lernen"

Da dein Gehirn große Schwierigkeiten hat, einzelne Informationen dauerhaft zu speichern, d. h. zu „lernen", musst du ihm helfen, indem du Informationen in Zusammenhängen ordnest. Du kannst deinem Gehirn diesen Speichervorgang deutlich erleichtern, wenn du ihm mehrere Angebote machst. Das tust du, wenn du die „neuen" Wörter und Redewendungen – am besten mehrmals – umsortierst, also in andere Zusammenhänge bringst. Dazu solltest du dir deine Tabellen und Listen in den folgenden Tagen öfter ansehen und neu ordnen, etwa nach deinen persönlichen Vorlieben (unter den Überschriften *activities I like* und *activities I hate)* oder deinen Erfahrungen und Wünschen *(what I have done* und *what I would like to try).* Durch das immer wieder neue Sortieren von Wortschatz lernst du Vokabeln ohne große Anstrengungen. Wenn du bei deiner Arbeit ein Computer-Programm (vgl. Tipp S. 39) zur Erstellung von Mindmaps verwendest, ist das Umsortieren gar nicht so mühsam, wie es hier vielleicht aussieht.

In *step 3* ergänzt du dann deine Mindmap wie gewohnt mithilfe des Wörterbuchs um die Punkte, die dir nicht sofort auf Englisch eingefallen sind.

Je nach dem Verlauf deines *mindwalk* und der Form deiner Mindmap wird *step 4,* dein *key,* also das Sortieren der Aspekte, auch unterschiedlich ausfallen. Wenn du durch deine Map schon Vor-Sortierungen vorgenommen hast, wirst du dich natürlich auch daran orientieren. (Eine Möglichkeit wäre etwa, dass du Freizeitaktivitäten in einer Tabelle unter den Oberbegriffen *outdoor activities* und *indoor activities* ordnest).

In *step 5* solltest du versuchen, deine Tabelle zu erweitern. Eine Möglichkeit wäre, die Texte dieses Beispieltests durchzugehen und auf Aspekte hin zu **scannen**, die deine Tabelle ergänzen. Oder du kannst das Internet nutzen und Dinge einfügen, die du dort findest.

Zum Thema „Ferien" kannst du natürlich genauso vorgehen wie beim Thema „Freizeit". Es gibt aber auch viele andere Möglichkeiten: Du könntest z. B. eine imaginäre Weltreise machen oder an eine deiner letzten Ferienreisen denken und sie im Kopf nach-„gehen"; du könntest spekulieren, was du in den nächsten Ferien machen willst, oder du könntest eine Fantasiereise durch einen idealen Ferientag an einem idealen Ort machen. Du siehst, vieles ist hier denkbar, und eigentlich ist es egal, wie du an die Aufgabe herangehst. Wichtig ist, das zu berücksichtigen, was du in Bezug auf Wortschatzerweiterung schon gelernt hast: Bemühe dich, unterschiedliche Wortarten (Nomen, Verben, Adjektive) in den Blick zu nehmen und erleichtere deinem Gehirn das Speichern dieser Wörter dadurch, dass du sie in immer neue Zusammenhänge bringst.

Plane als Beispiel eine vierwöchige Reise durch Großbritannien.

Step 1: Where would you like to go? Why to these places? What would you like to do there?

First I'd like to visit London because _____ . *There I would go to* _____ . *Having a look*

at _____ *would be most interesting for me because* _____ . *Of course,*

I would go shopping in Wie hieß die Straße noch mal? The next town to visit would be _____

_____ .

Step 2: Schau dir die folgende Karte Großbritanniens an und markiere darin deine Reiseroute. Vielleicht fallen dir dabei ja noch weitere Orte oder Gegenden ein, die du gerne besuchen möchtest. Die kannst du gleich mit einbauen.

FiNALE Prüfungstraining

Nordrhein-Westfalen

Mittlerer Schulabschluss **2024**
Englisch

Lösungen

Lösungsheft zu 978-3-07-172407-5

TRANSKRIPTE

A   Vorbereitung auf die Abschlussprüfung

Seite 26
Track 1: A weather forecast
This is KKC news with tonight's weather forecast:
UK: Largely cloudy across England tonight with periods of rain. Mainly dry across Wales with patchy cloud. Generally cloudy across Scotland with isolated showers. Winds will be light from the south to southwest.
IRELAND: Mostly cloudy across western Ireland tonight with scattered showers. Evening showers in the east, then broken cloud. Winds will be moderate from the west to southwest.

Track 2: Station announcement
The train at platform 2 is the 17:52 Margate service, calling at Rainham, Sittingbourne, Faversham, Whitstable, Herne Bay and Margate.
Passengers for stations to Sheerness should take this train and change at Sittingbourne. Passengers for stations to Canterbury and Dover should change at Faversham.
Would passengers please note that due to engineering works the line is closed between Margate and Ramsgate and a replacement bus service is in operation.
Passengers for Broadstairs, Dumpton Park and Ramsgate should take this train to Margate and use the bus service available from the station entrance.

Seite 27
Track 3: Boxing Day
In Britain, like everywhere else, Christmas Day is 25th December. But in Britain the day after Christmas Day is special, too. It has a special name: 'Boxing Day'. Now this has nothing to do with the sport of boxing – you know, when two men (or two women) wearing big gloves punch away at each other in a roped off ring. No, Boxing Day is not about fighting; it's about giving a special tip, a small extra money present, to people like the postman or the dustman – he's the guy who empties your rubbish bin – or anyone else who does jobs like that for you all year round. Now you'll probably think 'That sounds a nice sort of custom, but why is it called Boxing Day?' – A good question. The answer is that up to about 100 years ago even moderately rich people all had servants, and Boxing Day was the day when they gave their maids and servants their 'Christmas Box': a gift wrapped up in a box as a 'thank-you' for their year's work.

B   Tests

Test 1 – School

Seite 47
Track 4: The Hayesbrook School
Speaker 1: Welcome to The Hayesbrook School for boys, Tonbridge. Our school has about 900 students aged 11–18. Girls are admitted to the Sixth Form at the age of 16+. We're very lucky to have a modern school building with excellent facilities for all subjects.

Speaker 2: The school day starts at 8:40 with registration and assembly and finishes at 3 o'clock. We have a five-period day. Each lesson is an hour long. There is a 25-minute break between periods two and three and a lunch break from 1:15 to 2 o'clock. The last lesson is from 2–3 o'clock. On Tuesdays there is an enrichment hour, which means that school finishes at 4 o'clock.

Speaker 3: The Hayesbrook School is a successful Specialist Sports School. We have outstanding facilities for PE lessons and many sports clubs and activities. At our school sport is used to motivate and interest students. Some of our students are Sport Leaders and organise sporting events for children from other schools in the area.

Speaker 4: The Hayesbrook School is involved in a large number of international projects and trips abroad. We currently have partner schools in France, Germany, Spain, Thailand, the Gambia and South Africa. We have organised trips to these schools and also welcomed teachers and students here in Tonbridge. Throughout the year, a number of international days are organised which are always great fun for teachers and students. In August 2007, The Hayesbrook School received the International School Award.

Speaker 5: All the students are expected to wear the school uniform. It consists of a white shirt, a dark blue pullover with the Hayesbrook Logo, the school tie, dark grey or black trousers and plain black shoes. In the summer, students should wear a Hayesbrook polo shirt and a Hayesbrook baseball cap. Jeans and leather jackets, hooded sweatshirts, boots or trainers are not allowed. Boys are not allowed to wear rings or personal jewellery. Students may wear one plain gold or silver stud earring. No other form of earring or body piercing is allowed.

Seite 48
Track 5: School subjects
1.

Teacher: Today we are going to read about Shakespeare, one of the most famous writers in the world. He lived from 1564–1616 and wrote 37 plays. Which Shakespeare plays do you know?

Pupil: "Romeo and Juliet", "Hamlet" …

Teacher: Very good. Now, Shakespeare wrote a long time ago, so the language he used was quite different from how we speak and write today. Let's have a look. Open your textbooks at page 63.

2.

Teacher: What do we need to make a pizza base?

Pupil: The base is made from flour and water with a little salt and possibly yeast to make it rise.

Teacher: Very good. What about the topping? What would you put on?

Pupil: Well, there's got to be tomato sauce and grated cheese. In addition to that, I would put on ham, mushrooms, pineapple and maybe some salami.

3.

Teacher: Earthquakes usually happen when two land masses meet. At this point, there is a fault line, such as the San Andreas fault in California. When there is a sudden movement between the two blocks of land, the ground shakes and there can also be tidal waves. Some earthquakes are very strong. They destroy many buildings and kill hundreds or even thousands of people. Other earthquakes are so small that you hardly notice them. Earthquakes are measured using the Richter scale.

4.

Teacher: If a train is travelling from London to Manchester at 100 km/h and the two cities are 181 miles apart, how long does the journey take? How can we solve this problem?

Pupil: We have to convert the miles into kilometres first.

Teacher: Very good. 1km is 0.62 miles. So how many km are 181 miles?

Pupil: 290 km.

Teacher: Excellent. So what do we do now?

Pupil: Well, if the train travels 100 km in 1 hour, meaning 60 min, we have to work out how long it takes to travel 290 km.

Teacher: And how do we do that?

Pupil: We take 290 times 60 and divide it by 100.

Teacher: And that makes?

Pupil: 174 hours.

Teacher: 174 hours? That's a very long journey.

Pupil: No, 174 minutes.

5.

Teacher: Edvard Munch was one of Norway's greatest painters. His most famous picture is called "The Scream". The two painted originals can be seen in Oslo but there are many copies, too. People think that Munch must have been very depressed to paint such pictures and it is true that he had an unhappy personal life.
Here you can see Munch's painting once more. I've also brought along some other pictures. Some are very famous, others perhaps less so. Have a look at them and choose one painting. Tell me about the atmosphere in this picture. How does the artist express this mood? Look at the composition, style and colours, of course.

Test 2 – Holidays and free time

Seite 64
Track 6: The Great British Heritage Pass
A vital new aid for visitors is the four-day Great British Heritage Pass from VisitBritain (formerly the British Tourist Authority) which gives unlimited admission to 600 historic houses, castles and gardens for four days for only £22 (or local currency equivalent).
Previously available only in seven-day, 15-day and one-month versions – which are still available. Incidentally – the new shorter duration pass makes it ideal for those coming on a short break.
It's a deal so good it's only available to visitors from overseas and will pay for itself very quickly.

Seite 65
Track 7: Some facts about New Zealand
New Zealand is situated about 2000 kilometres southeast of Australia. Its two main islands, North Island and South Island, are together roughly the size of Britain. But whereas Britain has a population of about 67 million, only about about 5 million people live in New Zealand.
Until about 700 years ago the country's thick forests were home to many birds, but to neither animals nor people. Then, around 1320, Polynesian people came from the South Pacific in long, open boats and settled there. These people, the Maori, form the original population of New Zealand. Today they are an important ethnic group active at all levels in New Zealand society, and Maori is one of New Zealand's official languages. After brief visits around 1640 by Dutch explorers, who named the islands after the Dutch province of Zeeland, the territory was mapped by the British explorer James Cook around 1770. Settlement by Europeans, mostly from Britain, began soon afterwards. In 1840 the Treaty of Waitangi between the Maori and British claimed the whole of New Zealand as British territory: it became a colony, and in the course of the 19th century it was systematically settled by English and Scottish families. Today their descendants – known familiarly as 'Kiwis' after the flightless bird that is one of the country's symbols – form about 70 percent of the total population. If you walk the streets of Dunedin in the South Island, for example, you may even hear the sound of bagpipes. Modern New Zealanders have a high standard of living and are keen and successful sportsmen and women. Their rugby team, the All Blacks, is world famous, their yachtsmen twice won the America's Cup, and Valerie Adams won gold in the women's shot put at two Olympic Games and was named World Athlete of the Year in 2014.

Test 3 – In another country

Seite 82
Track 8: Calling Home

Lynn: Hi Jake, I hope I haven't got you out of bed.
Jake: [Yawns] It's OK, it's already 7 o'clock. I'm just making tea. So what are you doing now?
Lynn: I've just finished work for the day. I've got this job in a guest house in Queenstown – you know, the famous sports centre in the mountains on the South Island. They do everything here, from white water canoeing to bungee jumping and paragliding and … e r… kiteboarding on the lake – that's like surfing but being pulled along by a big power kite – as well as ordinary boring things like mountain biking.
Jake: Well, have you done any of that?
Lynn: Not mountain biking, you know I hate that. But I went for a day's hiking in the Remarkable Mountains last week – that's what they're called, and it's really beautiful up there, magnificent views of the Southern Alps and across the lake to Queenstown. And, yes, I'm going kiteboarding on Thursday. That's my day off.
Jake: Day off? What are you actually doing then? What's your gap year job?
Lynn: Well, here in Queenstown I'm working in a guest house. It's a busy place. People come here from all over the world – mostly young people doing sports. I'm part of the help team, arranging tours, giving information on all the different activities on offer here, sometimes going with groups – like the hiking group last week. I even had to speak French with one group – and they understood me! Remarkable, right?
Jake: Yes, anyone who understands an English girl's French must be remarkable …
Lynn: Hey …!
Jake: Just kidding! So what did you do before?
Lynn: Well, last month, in March – that's autumn here, like September at home – I was picking apples up in Marlborough, the northernmost part of the South Island. That was much harder work, physically. And I was out in the country on an apple farm. The people were nice, but it was a bit dull. I did it for ten days, then someone suggested to me to come down here to Queenstown. I don't earn any more here, but people give us tips sometimes, and I'm surviving quite well. So I'll carry on with my work and travel plans – probably stay here a few weeks longer and then go up to the North Island when the winter here gets too cold. I haven't seen either Wellington or Auckland yet, so there's lots left to do still.
Jake: Well, keep it up. I'm looking forward to hearing all about it when you get back. Bye …!

Seite 83
Track 9: At the airport

Speaker 1: Welcome to New York. Please stay seated and leave your seatbelts on until we have reached our final parking position and the seatbelt signs have been switched off. Please make sure you take all your belongings with you and be careful when opening the overhead lockers. Once you have left the aircraft please proceed directly to immigration.
Speaker 2: US citizens please use lanes 1 to 4, EU citizens use lanes 5 to 7, non-EU citizens use lanes 8 to 10. Please have your passports and immigration cards ready for inspection to avoid unnecessary delay.
Speaker 3: This is a message for all international passengers. Please pick up your luggage and proceed through customs. For safety reasons all luggage must be picked up and checked in again for connecting flights. Passengers of flight LH 369 from Munich please proceed to luggage belt 26, passengers of flight UA 216 from Zurich please proceed to belt 34 and passengers of LH 341 from Frankfurt to belt 36.
Speaker 4: This is an important announcement for all transit passengers to Detroit or Chicago. Due to weather conditions all flights will be delayed by 30 minutes and departure gates have had to be changed. Would passengers for UA flight 114 to Detroit please use gate B 24, passengers for UA flight 214 to Chicago please proceed to gate B 27. Flight UA 244 to Washington will depart from gate B 29.
Speaker 5: This is an important safety announcement for all passengers. Please make sure you keep your luggage with you at all times and never leave it unattended. In case you notice any unattended luggage or suspicious object please alert a security guard immediately.

Test 4 – The world of work

Seite 105
Track 10: Radio adverts

1.
There is a vacancy for an electrician with a local building company. Hours are flexible but you need to be able to work nights and some weekends. The salary is £30 per hour with a guaranteed minimum of £600 per week.

2.
Clark's shoe shop in Foster Street, Liverpool is looking for staff. The shop is open every day from 9 a.m. – 5 p.m. and applicants would have to be available to work on Saturday mornings.

3.
There is a vacancy for a trainee plumber at our branch in Swindon. The successful applicant should have completed secondary school with good results in Maths, Science and Technology. The training course will last two and a half years. There is a possibility of a permanent job at the end of the training.

4.

We are looking for an assistant for our animal shelter in Canterbury. Formal qualifications are less important than an interest in and a love of animals. Many of our animals have been badly treated and need patience and under-standing.

5.

Thomas Cook's main office in Manchester is looking for a new employee. The job involves dealing with questions from the public about special offers and occasionally speaking to our Frankfurt office, so an ability to speak German would be an advantage.

Seite 106
Track 11: Interesting jobs

Will: One of the kids at the youth club was asking me the other day what I thought would be a cool job, and it got me thinking. Have you ever thought about what you'd really like to do?

Susan: Well I had to take Jimbo – that's our spaniel – to the vet last week. He'd cut his paw. And I was waiting there and got chatting to this guy with a huge German shepherd dog, and next to me on the other side was a girl with a little black and white kitten. There was a buzz of conversation going on in the waiting room. You know how people are with pets: there's always something to talk about. And you realized how much everyone needed the vet, and they all seemed to like her and trust her. I thought: Why ever didn't I learn to become a vet when I left school?

Will: Well one reason was perhaps that it takes so long to qualify – even longer than for human medicine, I'm told.

Susan: Yes, because you have to look after so many dif-ferent animals. Someone in the waiting room last week had a budgie, and a little boy had brought his rat.

Will: Mmm … What about cows and horses? They need a doctor, too.

Susan: Well, there weren't any cows in the waiting room there. But when I lived in the country …

Will: All right, all right. So what other cool job can you think of?

Susan: How about bike mechanic? You know I'm a keen mountain biker and the gear shift on my bike broke the other day when I was out on the North Downs trail. I had to push the bike home, but I took it in to the local dealer and at the back of his place is this great workshop. Five or six people were busy there mending bikes or getting new models ready. I was fascinated. Most of the mechanics were blokes, but there were two girls, and one of them told me she'd been tuning Chris Denton's road bike for the City of London race last week. I mean, that's not just a useful job – especially nowadays with so many people riding – it's exciting. What about you. What sort of job do you wish you'd chosen?

Will: I'd like to be a cook. Yes, I know, I do a lot of cook-ing at home anyway, but that's not quite the same thing. Just think if I'd trained, and then worked abroad – maybe in France – under a star chef, and learned French. Then I could have come back home and spoken Engleesh wiz a French accént and everyone would love me and my crea-tive food and employ me and I'd get lots of …

Susan: Oh stop daydreaming, Will. Everyone loves you and your food anyway. Any other job you fancy?

Will: Well, you know, down at the youth club I'm a youth leader, but what I really need to be in this town is a sports trainer as well. We've got some talented young footballers and the kids want to start a mixed basket-ball team. But I know nothing about basketball and we haven't got the money to pay a qualified trainer.

Susan: Now that sounds real, Will. So why don't you do a part-time training as a sports coach? I can find out about courses for you. Hang in there for a couple of years and your dream job will come true. You're not even too old for that, yet, are you?

Test 5 – Originalprüfung 2022

Erster Prüfungsteil: Hörverstehen – Transkripte

Seite 116
Hörverstehen Teil 1

Track 12: A hockey lesson

[...] Simone had been shocked to see on her timetable that there were four periods of PE a week. Back at her old school they'd only had one and she had always hated it. [...] Here it was PE nearly every day.

So Simone got changed into the school's sportswear. [...] She was getting nervous. "Oh God, please. Please let them not pick teams." She couldn't live through that. Miss James, the PE teacher, walked into the changing rooms. "Hello," she said to everyone. "Sit down." The girls sat down.

"Well, our school has a sports tradition to be proud of. I want you to work just as hard here as you do for your university entrance or anything else you do."[...] She looked around.

"Okay," she said, running down the room and counting the girls off. "One, two, one, two. Team one is playing against team two," she said. [...]

Simone was in team one. She made her way out as slowly as possible. [...]

"You," said Miss James. Simone was looking out at the huge playing fields. There was a running track, several tennis courts, hockey fields. The grass ran on for what seemed like miles down towards the sea. It was beautiful. Absolutely nothing like the grey asphalt field at her old school. "You," said Miss James again. Simone realised that Miss James was speaking to her. [...]

"I want you in goal," said Miss James. "Do you think you could be useful there?" It wasn't really a question. Simone opened her mouth to say that she had never played hockey before. Then changed her mind and marched off to the far end of the field.

She was lucky that most of the action was taking place at the other end of the field ... for now.[...] But she was afraid that the action might soon come her way. She had no idea what she was doing! Miss James was right in the middle of the teams seeing who could play and had talent or who hated it and was too lazy.

Simone realised that the "enemy team" was coming her way. [...] She started to panic. "Go! Go!" some of the girls were shouting as the action moved closer and closer to Simone's end. She was getting very nervous. Suddenly there was a girl right in front of her. She shot the ball towards Simone. Without thinking, Simone threw herself and her stick at the ball and pushed it back out into the field. A huge cheer went up from the girls in Simone's team. Simone went pink. "Well done," the teacher said. Simone looked around. It must have been an accident. But as the game continued it became clear to her that her goal-keeping skills weren't an accident. She was good at guessing when the ball was coming towards her and from what angle. Her team won easily.

Simone couldn't believe it. It felt like a totally new sensation. Simone was full of pride. [...]

Seite 118
Hörverstehen Teil 2

Track 13: Conkers: A traditional seasonal game

Terry: It's autumn – time to play conkers! Conkers is played with the fruit of chestnut trees which you can find lying on the ground everywhere at this time of year. I'm joined here in St. Anne's Park by a conkers expert, Patricia. She's helping to organise the Irish Conker Championship which takes place here in the park in two weeks. Hello Patricia!

Patricia: Yes! Hi there!

Terry: Now playing conkers ... how does that work?

Patricia: Oh, the game is played by two players. Each player has a conker with a hole made in it. The conker is then tied to a strong piece of string. Most players use shoelaces. One of the players stretches his or her arm out, holding the string with the conker hanging from it. The other player swings their own conker and tries to hit the first player's conker. Basically, they take turns hitting each other's conkers until one finally breaks. So it's important to have the hardest conker.

Terry: And you do something special to the conkers to try to make them harder, right? Because the whole idea of the game is that your conker doesn't break. How do you do that?

Patricia: You can leave it in a dry place for about a year and that will make it harder. And some people bake the conkers to make them harder, or they cook them in salt water or fill them with glue.

Terry: Tell us: where does the game originally come from?

Patricia: Where does it come from? Well, playing conkers goes all the way back to the late 15th century. The first game of conkers we know of was played on the Isle of Wight in southern England. People often played these games in the evening to relax.

Terry: You know, I was amazed that there are still lots of kids who play conkers. Is that what you would expect?

Patricia: I don't think it is like what it once was. You know, I'm a former teacher. The nicest lunch breaks we supervised in autumn were when the children were playing conkers in the yard. But many schools have banned conkers because head teachers are afraid that children might get hurt while playing the game.

Terry: Now Patricia, why is Dublin organising the Irish Conker Championship?

Patricia: We're organising it for two main reasons: The first one is that I feel that children and many adults have been dominated too much by mobile phones and computers. So, we're trying to bring back the outdoors, if you like. And there is no more typical Irish outdoor sport than conkers! Now the other reason is that we want to attract tourists to the area.

Terry: So if I just come along here the week after next? Do I have to bring anything?

Patricia: Absolutely nothing.

Terry: Not even a conker, no?

Patricia: No, all you need is a good steady hand.

Terry: Ah, okay, well ... thank you very much indeed and good luck to all the players next week.

LÖSUNGEN

A   Vorbereitung auf die Abschlussprüfung

2.1   Arbeitstechnik: Vorwissen aktivieren

Seite 14
1. Berufe im Pflegedienst (Pfleger, Krankenschwester)

2. *Lösungsvorschlag:* Pflegen, Betten machen, kleinere medizinische Handreichungen (z. B. Blutdruck messen, Blut abnehmen, Spritzen geben), schlechte Bezahlung, Berufskleidung, Ausbildung im Krankenhaus

3. *Lösungsvorschlag:* hospital, doctor, patient, bed, illness, injury, medicine, blood, ill, sick, to take care of, to work at night, to help

2.2   Arbeitstechnik: Gemäß Aufgabenstellung lesen

Seite 18
1. Die Aussage ist falsch. Der letzte Satz des ersten Absatzes gibt den entsprechenden Hinweis. Du musst hier also gezielt nach konkreten Informationen suchen.
2. Wieder geht es gezielt um eine konkrete Information. Die Jahreszahl sagt dir, wo du suchen musst, du findest sie in Z. 23. Es geht um die Brandkatastrophe in diesem Jahr.
3. Auch hier musst du konkrete Informationen suchen. Wie du dich in Aufgabe 2) von der Jahreszahl lenken lassen konntest, so funktioniert es hier mit dem Wort „tourists". In Z. 13 findest du „tourist attraction". Jedoch musst du nun mehr leisten, denn von den vier vorgegebenen Möglichkeiten findet sich in dieser Form keine im Text. Du musst also den Zusammenhang der im Text gegebenen Aufzählung verstehen, nämlich dass zumindest einige der hier erwähnten Dinge (z. B. „wonderful old palaces, cathedrals" Z. 13–14) als Sehenswürdigkeiten („sights") gelten. **b** ist also richtig.
4. Die Antwort lässt sich aus verschiedenen Textstellen erschließen. Zum einen steht im dritten Textabsatz, dass London wahrscheinlich wegen des Flusses an dieser Stelle gegründet wurde. Sodann war der Fluss die Rettung vieler während der Brandkatastrophe von 1666 (Z. 23–25). Schließlich war das Wasser im Jahr 1858 so verschmutzt und unhygienisch, dass es den Tod vieler Einwohner verursachte (Z. 26–29). Also ist die Aussage in **4** korrekt.
5. Noch einmal geht es um das Finden konkreter Informationen. Wie oft in Texten, in denen es um historische Abläufe geht, ist der entscheidende Hinweis wieder die Zeitangabe – hier das 19. Jahrhundert – die dich zum 6. Textabschnitt führt. Wenn du diesen Abschnitt aufmerksam liest, erkennst du die richtigen Punkte, nämlich **a** und **b.**

Seite 20
Job no 1: Ryan Simpson
Er hat 15 Jahre Erfahrung und will in den Norden.

Job no 2: Jerzy Borowski
Hier ist es wichtig zu erkennen, dass das Hotel/Restaurant einen erfahrenen Koch sucht, der schon in ausgezeichneten Restaurants gearbeitet hat und aufgrund seiner Erfahrung Leitungsfunktionen in der Küche übernehmen kann (sous-chef). Da Borowski zudem in unterschiedlichen Ländern gearbeitet hat und mehrere Sprachen spricht, kommt er der Stellenbeschreibung sehr nahe.

Job no 3: Annie Hamilton
Sie bringt aufgrund ihrer vorherigen Tätigkeit die geforderten Qualifikationen mit, die Stelle ist in der Nähe ihres Wohnortes und sie braucht einen Job, da sie arbeitslos ist. Dagegen sind die beiden anderen denkbaren Kandidatinnen aus folgenden Gründen nicht geeignet: Karen Johnston sucht eine Stelle in der Nähe von Falmouth in Südengland, Sue Person sucht eine volle Stelle.

2.3   Arbeitstechnik: Wörter erschließen

Seite 22
The family I'm **staying** with are nice people and they live in a fantastic **house**. It is very large, comfortable, in a quiet part of the city, but not too far from the centre.

I have my **own** bedroom. There are four **children** in the family, three girls and one boy, all of them teenagers. The eldest, Nick is at university, he wants to **become** a doctor. The others still go to **school**, like me. Nina is the youngest, **she** is thirteen.

Seite 24
evil – böse, das Böse
defend – verteidigen
muscles – Muskeln
respond – reagieren, antworten
handle – Griff
creak – knarren
glint – glitzern. das Glitzern
finally – schließlich, am Ende
sweat – Schweiß
pound – hämmern

3.1   Selektives Verstehen

Seite 26
Track 1: A weather forecast
1. true
2. false
3. false

Track 2: Station announcement
1. a) on time
2. a) from platform 2
3. b) take the bus from Margate

3.2 Globales Verstehen

Seite 27
Track 3: A special day
Lösungsvorschlag:
Somebody talks about a special day in Britain, **Boxing Day**, which is on **December 26**. He/she says that on that day people **give special tips to people like the postman or the dustman**. And he/she explains that the name comes **from about 100 years ago, when rich people gave presents in a "Christmas Box" to their servants as a thank-you for their year's work**.

3.3 Detailliertes Verstehen

Seite 28

A	–
B	John
C	Bill
D	Peter

Seite 29
1. zeitlicher Zusammenhang:
   first, then, after that, before, after, afterwards, in the end, the following day/month/week, later …

2. logischer Zusammenhang:
   therefore, because, although, that's why, for this reason, in spite of that, nevertheless, but, on the one hand/on the other hand, …

3. Zustimmung:
   I (fully, partly) agree, I'm of the same opinion, that's a good point, certainly, …

4. Ablehnung:
   I don't agree, actually you're wrong here, I'm afraid …, however, …

4.1 Texte sinnvoll aufbauen

Seite 32
The article "London's dark waters – the River Thames" from the magazine "Spot on" (5/2011) describes some periods of London's history in connection with the Thames.
To begin with, the city of Londinium was probably founded at this place because the Romans believed that the river was good for trade. Between 1400 and 1900 the Thames froze over very often as it was extremely cold in Europe ("mini ice age"). Next, the year 1666 is mentioned. In that year a fire burnt down a large part of London. The river was one of the safe places where people could escape the fire and survive the catastrophe. In the middle of the 19th century, the water of the Thames became so dirty that many people caught diseases from it and died. In the 17th and 18th centuries, criminals were executed on the banks of the Thames and a special police force was founded to make sure the river was free from pirates.

Seite 36
Last week I saw "…", which was a difficult film. **On the other hand, / However, / But** it was also interesting **and** I liked it. **(Al)though** the actors were nice, one of them was not really a good actor **because** he always spoke in the same way **and** (oder: Neuer Satz beginnend mit "**Moreover**") you could not see his feelings in his face. The story was interesting, **but** some scenes were a bit boring **because** the characters only talked **and** nothing happened. **But** most of the time there was a lot of action, **which** was exciting.
Moreover / In general there were some surprises **and** there were some funny scenes (**, too**). **So** the audience in the cinema laughed a lot. **On the other hand / However**, some funny scenes were exaggerated, **which** was not so good. The ending was funny**, too**. It was **also** surprising, **which** I liked.

In short / In general it was an interesting film, **which** everybody should go and watch.

B Tests
Test 1 – School

Seite 47
Aufgabe 1: The Hayesbrook School
1. yes   4. yes
2. yes   5. no
3. no   6. no

Seite 48
Aufgabe 2: School subjects

subject	extract no.
Art	5
English	1
Geography	3
History	–
Home Economics	2
Maths	4

Seite 49

Aufgabe 3: Leseverstehen
1. She is worried because she doesn't know what to expect.
2. true because the text says they have a big Mercedes and a very big house.
3. Dinner was a bit strange./I wasn't too keen on the dumplings.
4. false because the text says her (= Tina's) English is not brilliant but it's still much better than my German.
5. true because the text says it's a fairly short ride.
6. true because the text says "I bought a beer mug for dad".
7. false because the text says I was pretty rubbish at it (= ice-skating).

Seite 52
Aufgabe 4: Wortschatz
Lösungsvorschlag:

1 either – or
2 b) expect
3 c) like
4 communication/talking
5 extra-curricular
6 experience/challenge
7 bullying
8 act/behave

Seite 54
Aufgabe 5: Schreiben
Lösungsvorschlag:
Aufgabe 1:
The extract from Chloe Spencer's blog-entry in *The Guardian Online* edition of October 3, 2013 argues in favour of wearing a school uniform. The following arguments are presented: First of all school uniform creates school identity: it gives students the feeling of being part of something. This argument is also supported by the head teacher and an English teacher of the school. Besides, if clothes are strict, the atmosphere will seem strict, too. As a consequence school uniforms might help to maintain order at school. A further point is that putting on the uniform can help to prepare students for their lives as grown-ups by teaching them how to dress appropriately in particular situations. This is underlined by the English teacher, too. Apart from that, it can also help students at school, because it may make them concentrate more on school than on fashionable clothes, which moreover makes dressing easier. Here Chloe quotes what she has heard from other people. Finally, reducing peer pressure and bullying seems to be a very important point for Chloe, as she mentions it several times.

Aufgabe 2:
In my opinion the argument that wearing a school uniform may keep bullies from teasing and ridiculing their fellow-students is the most important one. My experience at my school shows me that this happens frequently. A friend of mine is often teased and sometimes really offended by some of our classmates because his parents cannot afford expensive and fashionable clothes. I believe the idea of a school-identity is quite convincing, too. If there is an atmosphere at school that makes the students really
feel they are a community, they will perhaps like going to school (or like it more than without this feeling). This might help to improve learning, as the text says, although I'm not so sure about this. I can't really imagine clothes taking my mind away from my schoolwork, so this argument is less important for me. I don't think that putting on a school uniform will prepare students for their future lives. As I see it, it might help in some jobs where you have to wear something like a uniform (pilots, soldiers, police). However, in most areas of life fashion is very important. I definitely want to dress fashionably.

Aufgabe 3:
a) Dear Chloe,
   I have read your blog in *The Guardian Online* and since the subject of school uniform has been discussed in my class in an English lesson and I'm totally against wearing a uniform I'd like to tell you what I think about this. You might be right by saying that school uniform creates an identity for a school, but for me this is not very important. I go to school to learn and to get good marks, so that finding a job later will be easier. I'm not really interested in any kind of community at school. For this I have my football club, where I spend a lot of my free time. You say school uniform can reduce peer pressure. This is a good point, but maybe you will be better prepared for life if you learn to deal with peer pressure and bullies on your own, as this will probably not stop when you leave school. As to your argument about learning better, this argument doesn't really convince me, I'm afraid. I'm sure that my clothes and the way I dress don't distract me from my work. You are right, we sometimes (or in fact quite often) talk about clothes and fashion, but I'm really sure this doesn't influence my learning in any way. Finally I'd like to contradict your argument that wearing school uniform prepares you for life. As far as I'm concerned I won't take a job where any kind of uniform is required. For this kind of job your argument might be OK. I know that most of my fellow-students think like me, they don't want to become soldiers or policewomen. So wearing normal clothes will prepare us better for life than wearing a uniform. And I don't believe it is reasonable to make a majority do something that only helps a few people. I hope you can accept my arguments and my opinions.
   Best wishes
   Marie Schröder

b) Although we don't have a school uniform there is a kind of identity at our school, a feeling of belonging. When talking about my school I identify with it and also feel a bit proud of being at this particular school. There are several reasons for this I think. To begin with the school has a good reputation in our town. That is why my parents put me there in the first place. Then the teachers do a lot to create an agreeable atmosphere by being friendly and helpful and by offering activities in the afternoon (sports, music, games). Moreover the school-building is nice. It is kept clean, most classrooms are beautifully painted and decorated, the corridors are light and friendly. The classrooms have been decorated by students, parents and teachers together. This and school events in which again students, parents and teachers take part (concerts, theatre performances, celebrations etc.) create a feeling of being a community. Besides, older students always take part in the welcome celebrations when new pupils come to our school every summer. And some of them always act as mentors for the young students during the first two or three years. They help them find their way around the building and later organize events with the classes and even try to help when there are learning problems. Altogether this results in a sense of belonging.

Test 2 – Holidays and free time

Seite 64
Aufgabe 1: The Great British Heritage Pass
1. c) four days
2. c) houses, castles and gardens
3. b) £22
4. c) foreign visitors only
5. b) and c) seven days, one month

Seite 65
Aufgabe 2: Some facts about New Zealand
1. b)
2. c)
3. b)
4. b)
5. British territory/a British colony
6. English and Scottish people
7. b)
8. the All Blacks

Seite 67
Aufgabe 3: Leseverstehen
1. true
   because the text says there is a new influence in the house, which has introduced tears.
2. true
   because the text says he is worried the shows are creating a generation who expect to become rich singing Bon Jovi songs.
3. a)
4. a) In my working life I do not break down if things go wrong.
   b) If a meeting goes badly, I do not cry. (When my dreams are shattered, I deal with my disappointment quietly.)
5. false
   because the text says many children think they can be a singer, a footballer etc., but forget that they need talent, hard work and a lot of luck.
6. true
   because the text says the shows are teaching children wrong values. These children see very little value in learning and education.
7. a) It brings families together.
   b) It does not discriminate against different races or homosexuals.

Seite 70
Aufgabe 4: Wortschatz
1. accommodation
2. share
3. tent
4. b) going
5. choice
6. c) on
7. b) in
8. möglich sind z. B. dangerous, exciting, hard, tiring …
9. c) opened
10. d) in
11. b) for
12. do/take part in
13. c) by

Seite 73
ßAufgabe 5: Schreiben
1. *Lösungsvorschlag:*
   The text "ProActive Adventure" describes an outdoor activity centre in North Wales for schools and other youth groups. The centre is an old country house, where up to 72 people can stay in different kinds of accommodation. There are teaching and leisure facilities, and disabled facilities for limited numbers. Activities can be booked as half or full day or as evening session. Various on-site activities and team development challenges like abseiling or archery, as well as outdoor activities in the mountains and water sports, are offered at different levels.

Seite 76
2. *Lösungsvorschlag:*
   Even at the beginning, when the centre is introduced, the author tries to influence the reader by referring to the long experience and the excellent qualifications of the instructors. Thus he aims to make the reader trust the company and feel safe with them. In general you trust highly qualified and experienced people. The reader will believe this must be worth the money. Mentioning the First Aid certificates reinforces the idea that nothing can happen to you.
   The range of facilities described in the next paragraph is attractive, especially in connection with the hint that it is not expensive. This is suggested by the expression "reasonable and ideal for school [...] trips" although the actual prices are not mentioned. Furthermore the use of positive adjectives like "fantastic" and "ideal" create a positive impression of the centre.
   Paragraphs 4 to 6 advertise the attractive offer of activities, again emphasized by the repeated use of positive adjectives like "great" and "popular". They suggest that many people like these activities. At the same time the idea of adventure or even danger is evoked by expressions like "challenge", "test your nerve". This does not frighten the reader, as he will remember from the first paragraph that he will be safe with these people.
   Moreover, the activities are presented in a particular order starting with on-site activities (paragraph 4), then mentioning outdoor activities (paragraph 5) and finally referring to really adventurous activities, underlined by words like "adrenaline" and "challenging" (paragraph 6). At the end of the sixth paragraph the author even tries to create suspense for the climax when he introduces the final enumeration as something that mothers would not allow their children to do.

Test 3 – In another country

Seite 82
Aufgabe 1: Calling home
1 c)
2 a guest house
3 a sports centre / centre for outdoor sports
4 a)
5 b)
6 c)
7 a) right b) wrong c) wrong

Seite 83
Aufgabe 2: At the airport
1 c) the seatbelt signs have been turned off
2 b) proceed to immigration
3 5-7 (EU) or 8-10 (non-EU)
4 b) my passport and my immigration card
5 proceed through customs
6 a) no 36
7 b) gate B 27
8 right
9 wrong

Seite 85
Aufgabe 3: Leseverstehen
1 true
   Evidence: left a wife and five kids
2 false
   Evidence: died when they picked him up
3 false
   Evidence: the little cottages were in a lane to themselves at the very bottom of a steep rise that led up to the house / a broad road ran between ...
4 b)
   Evidence: just think of what the band would sound like to that poor woman
5 false
   Evidence: they were forbidden to set foot there
6 false
   Evidence: Her eyes hardened. / She looked at her sister just as she used to when they were little and fighting together.
7 false
   Evidence: She was trying on a new hat (so the hat was for herself)
8 true
   Evidence: She seemed amused / She refused to take Laura seriously.
9 b)
   Evidence: Never had she imagined she could look like that / she hoped her mother was right.

Seite 89
Aufgabe 4: Wortschatz
1 a
2 view
3 b
4 spend
5 d
6 b
7 close/next
8 c
9 d
10 teach/show
11 b
12 a
13 packed/gathered/collected

Seite 93
Aufgabe 5: Schreiben
Lösungsvorschläge:

Aufgabe 1
The article from "The Irish Times Online", written by Darragh Geraghty, is about the author's feeling that the Corona lockdown has changed his outlook on life. It has made him think about what is important and what he really needs, which has led to a reorientation. He shows this change by examples from his everyday life. First he mentions sport (football, tennis, Olympic Games), which he thought was important for him, but he has realized that it really isn't. Then he refers to going out and meeting people, and adds that these activities are not really so important either.
This new evaluation of what is essential makes him and his family decide to leave Dublin. He wants a life that fits their new needs and outlook. He describes how this move will be a complete change for them. Of course there are doubts and fears, because they don't know if they will be able to cope with the new situation. On the other hand, they are also excited and looking forward to this new life with its new chances.

Aufgabe 2
The title of Geraghty's article is intended in the first place to surprise the readers and make them read the article, but also to make them wonder what has happened. Why should somebody leave a big city like Dublin to live in the country? This is reinforced by the subtitle: Why should somebody come to a decision like this in spite of being uncertain and worried about it? The author connects his decision with Covid-19 and so makes the readers expect an article about Corona. However, he immediately disappoints this expectation. By referring to a subject that at the time of writing was relevant for everybody in Ireland, but at the same time saying the article will not be about this, he again puzzles the readers. The examples he gives in this context seem rather strange, especially when he ridicules the religious phrases of a "zealous and manic televangelist". All this is intended to make readers go on reading, wondering what will come next.
The detailed examples from his daily life refer to aspects that the readers know well enough, so they will be able to understand the author's feelings. Some readers may share his feelings, while others will understand his as-

tonishment about the "rewiring of his brain".
All this prepares his readers, so that they can understand the decision mentioned in the title. Several times Geraghty points out how serious their change of life will be ("profound impact", "momentous decision"), which everybody will be able to understand. Again he gives examples which show how necessary the changes are. He refers to problems everybody knows and can relate to. The same purpose is served when he mentions the doubts and fears that are connected with their new life.

Aufgabe 3 a)
As I see it there are different ways people react to the situation created by Covid-19. A lot of people here in Germany accept the restrictions imposed by the government and even agreed to the lockdown at the beginning of the pandemic. Others do not agree and even protest against some or all of the restrictions. There are even some who deny that there is anything like the Corona virus at all. Geraghty obviously belongs to the first group. He accepts the measures taken by the Irish government, including a lockdown. Although he expected to find the restrictions problematic, he instead experienced a profound change in his personal point of view. I can understand how his attitudes to his free-time activities changed. Nevertheless, as far as I am concerned I would not change my preferences. For example I missed going to football matches a lot, and I missed meeting my friends even more, so I was glad when these restrictions ended. What I cannot understand at all is his decision to change his whole life by moving to the country. I am young, I like living in a city, and living in a city like Dublin would be fantastic for somebody like me. So I imagine the author's children might not be happy about their father's decision. They might miss the life they are used to (friends, school, familiar surroundings) and all the things a city like Dublin offers as far as leisure activities are concerned – although this, of course, would also depend on their age. I cannot imagine that life in the country will appeal to them. On the one hand, they will worry – like their father – about what lies ahead of them, an unknown future in an unknown area with people they don't know. On the other hand, depending on how the new plans are discussed in the family, they might perhaps be thrilled by the new prospects. However, I personally think this cannot be as important as the fears and regrets mentioned before. For me, a decision like this would be out of the question.

Aufgabe 3 b)
A success story. We have left Dublin and live in the country.
Our new life is a thrilling experience.

We left Dublin and moved to a small town in Donegal. All of us worried a lot about what we would find there. Of course we gained a first impression of the area when we looked for a house to buy and finally found what we wanted. Still, leaving everything behind was really scary. The children especially were very sad and regretted leaving our old home. They missed their friends as well as everything connected with life in the city. They worried about what the new school would be like, whether they would find new friends, what they would be able to do in their free time.
Our new home is situated in a quiet street and quite nice. We have enough space for everybody and we quickly got used to it. Shopping is no problem, as there is a supermarket round the corner and quite a few shops in the town-centre. Compared with Dublin, there is less for us to do in our free time, true, but there is a cinema and even a small theatre. For the children there is the school, which offers a lot of extra-curricular activities, and there is a local football-club, which they have joined recently. And – what is also important for us – life here is cheaper than in Dublin.
So getting used the new environment wasn't too difficult. We like the rural surroundings: we enjoy fishing, hiking and picnicking. The children have found new friends at school, our new neighbours were quite welcoming when we arrived, so it was easy to get to know them and now we are friends. Our old friends like coming here for a few days and of course we go to Dublin now and then.
All in all, we are really happy with the decision we took two years ago. Our new life has turned out a success, even more than I expected. Everything here (our home, the town, the school, the surroundings) seems to me a dream come true. Due to the lockdown we are better off than before. To conclude with the words of the manic televangelist: We now see the truth that remained hidden from us for so long.

Test 4 – The world of work

Seite 105
Aufgabe 1: Radio adverts
1. electrician
2. £30
3. shoe shop staff
4. 9 a.m. – 5 p.m. every day and Saturday mornings
5. in Swindon
6. two and a half years
7. an assistant in an animal shelter
8. an interest in and a love of animals
9. in Manchester
10. an ability to speak German

Seite 106
Aufgabe 2: Interesting jobs
1 a) and c)
2 a), b) and d)
3 c)
4 a) and c)
5 b)
6 a)

Seite 107
Aufgabe 3: Leseverstehen
1 b)
2 a) The boss was angry with her (and threatened to fire her).
b) One of the trainees enjoyed this and laughed at her.
3 true
because the text says she had been washing up for nearly three hours.
4 false
because the text says she didn't stop laughing.
5 true
because the text says the manager was a lot nicer than in the morning and even gave her some tiramisu.
6 true
because the text says she realizes that laying a table or folding serviettes was not easy at all.
7 false
because the text says she wanted to meet friends in the evening.

Seite 109
Aufgabe 4: Wortschatz
1 grades/marks/qualifications
2 look/apply
3 c) interview
4 c) suitable
5 b) earn
6 increase/rise/be raised
7 promoted
8 d) really
9 dismissed/fired/sacked
10 strike
11 quit/resign/leave the company/look for another job

Seite 110
Aufgabe 5: Schreiben
1. *Lösungsvorschlag:*
Chapter 83 from Mark Haddon's novel *The Curious Incident of the Dog in the Night-Time,* written in 2003, describes the narrator's dream of being an astronaut. He thinks that this is a good job for him because he is intelligent and interested in science and technology, and he likes machines and computers. Moreover he is not afraid of being alone in a small spacecraft. He is convinced he will not be homesick or become crazy on a long journey through space.

2. *Lösungsvorschlag:*
The narrator seems to be a boy/teenager whose wish it is to become an astronaut. The fact that he describes himself as intelligent might indicate that he is a bit arrogant. On the other hand, he seems to know a lot about natural phenomena (for example about the function of iron in the blood), machines and computers. It is quite strange that he is so sure about his feelings in a spacecraft, and the examples he gives from his everyday life are really odd. A person who hides in an airing cupboard or lies on the lawn at night feeling as if he was in space is really unusual. Obviously the only "person" he would miss in space would be his rat Toby.

Seite 112
3 a) Es ist wichtig, sich in den Erzähler hineinzudenken. Du hast ja in (1) und (2) einiges über ihn geschrieben. Das musst du jetzt berücksichtigen, wenn du die Geschichte fortführst. Thematisch könntest du dich weiter mit dem Raumfahrtgedanken beschäftigen *(What will the job be like? Are there any disadvantages?).*
Oder du könntest versuchen zu erklären, warum er ins Weltall, weg von den Menschen will. Du könntest auch etwas geschehen lassen, was ihn seinem
Wunsch näher bringt oder ihn unmöglich macht.

b) Erinnere dich an die Form von Bewerbungsschreiben (siehe Kapitel A 4.1), Adressat (links) und Absender und Datum (rechts) oben auf die Seite, dann das eigentliche Schreiben:

Dear Sir or Madam,

I am writing to apply for the vacant position in your team of astronauts for the Mars mission that you advertised in the Washington Post of 7 October.
I completed my studies as an engineer in 2004 and since then have worked in the development department of Airbus in Toulouse. I am healthy and do a lot of sports (football, tennis, skydiving among others), and I can cope with any kind of strain. Moreover I am not claustrophobic.
The job interests me because I have always been fascinated by science and technology.
I can arrange to attend an interview next week any afternoon.

Yours faithfully
...

Test 5 – Originalprüfung 2022

Erster Prüfungsteil: Hörverstehen

Seite 116
Hörverstehen Teil 1

Aufgabe	Lösungen	Punkte	OK?
1	c	1	
2	c	1	
3	b	1	
4	a	1	
5	a	1	
6	b	1	
7	b	1	
8	c	1	
9	c	1	
10	c	1	
Gesamtpunktzahl		**10**	

Seite 118
Hörverstehen Teil 2

Aufgabe	Lösungen	Punkte	OK?
1	a	1	
2	c	1	
3	c	1	
4	a	1	
5	a	1	
6	b	1	
7	b	1	
8	c	1	
9	a	1	
Gesamtpunktzahl		**9**	

Seite 120
Zweiter Prüfungsteil:
Leseverstehen – Wortschatz – Schreiben

Leseverstehen
Lösungsvorschläge:

Aufgabe	Lösungen	Punkte
1	b … a sign of an upcoming fight …	2
2	true … a sign of money to come.	2
3	b A black spot on the tongue is a sign of telling lies. / Many Irish parents who want their children to tell the truth … / "Stick your tongue out so I can see if you're lying".	2
4	c … someone is talking about you. / … people are talking about you positively … / … the talk is negative.	2
5	false … the word for superstition is *piseog* … / … describe simple sayings and unusual beliefs. / … everything connected with magic is believed to be a *piseog*.	2
6	c … your luck would turn bad.	2
7	true … they show our psychological needs. / And they show how we as humans have thought, felt, and interacted with the world around us and with each other.	2
8	c … they survived because of repetition … / When something is done again and again … it becomes … a tradition.	2
9	true Based on them, each new family creates their own rituals.	2
10	a … it's up to you to decide what to believe in.	2
Gesamtpunktzahl		**20**

Seite 123
Wortschatz
Lösungsvorschläge:

Aufgabe	Lösungen	Punkte	OK?
1	b	1	
2	c	1	
3	taste / smell / flavour / idea / image / look / ...	2	
4	sick / ill / tired / low / weak / exhausted / depressed / down / unhappy / sad / moody / upset / angry / bad / ...	2	
5	meals / dishes / spices / cultures / immigrants / influences / recipes / goods / ...	2	
6	d	1	
7	culture / traditions / identity / habits / roots / cultural background / memories / ...	2	
8	c	1	
9	restaurants / takeaways / (food) shops / cafés / businesses / ...	2	
10	a	1	
11	found / sold / well-known / ordered / served / offered / common / available / on offer / ...	2	
12	delicious / fantastic / lovely / interesting / great / tasty / yummy / unforgettable / spicy / amazing / awesome / typical / ...	2	
13	b	1	
sprachliche Korrektheit		max. 4	
Gesamtpunktzahl		**24**	

Seite 125
Schreiben
1. Inhaltliche Leistung

Teil-aufgabe	Anforderungen	max. Punktzahl	erreicht
1	Du stellst die Situation dar, in der sich Jaz und ihre Mitschülerinnen plötzlich in der Schule befinden, nämlich dass sie eine neue Mitschülerin namens Nadima haben, dass die Mitschülerinnen Nadima umringen und versuchen, mit ihr zu kommunizieren und dass die Verständigung mit Nadima schwierig ist, da Nadima kein Englisch spricht.	4	
	Du beschreibst, wie die Mitschülerinnen und Jaz sich in der Situation verhalten: dass sie Nadima mit Fragen überhäufen, dass der Einsatz von Übersetzungsprogrammen auf dem Smartphone nicht erfolgreich ist und dass die Mitschülerinnen schließlich aufgeben mit Nadima zu kommunizieren, dass Jaz aber versucht, bei ihren Mitschülerinnen Verständnis und Rücksicht zu wecken und dass Jaz dann vergeblich versucht, Nadima auf Deutsch und Französisch anzusprechen und ihr zuletzt Schokolade anbietet und damit erfolgreich das Eis bricht.	4	
2	Du arbeitest heraus, dass Jaz hilfsbereit ist und versucht, sich in andere hineinzuversetzen, und dass sie wirklich möchte, dass Nadima sich wohl fühlt. Dazu führst du Belege an, z. B., dass Jaz sich für Nadima einsetzt, indem sie auf die Verständnisschwierigkeiten und die Überforderung von Nadima hinweist, dass sie versucht, Nadima vor den vielen Fragen zu bewahren, die sie nicht versteht und beantworten kann, dass sie versucht, die Situation zu entspannen, indem sie freundlich zu Nadima ist, und dass sie die entstandene Spannung auflöst, indem sie Nadima Schokolade anbietet.	5	
	Du arbeitest heraus, dass Jaz mutig ist und sich dem Verhalten ihrer Mitschülerinnen Nadima gegenüber entschlossen entgegenstellt. Du belegst das z. B. damit, dass Jaz sich für Nadima einsetzt und eine Auseinandersetzung mit ihren Mitschülerinnen in Kauf nimmt, dass sie nicht wie die anderen aufgibt, obwohl sie sich in der Situation auch nicht wohl fühlt, sondern bei Nadima bleibt und das Schweigen zwischen ihr und Nadima aushält und sich eine Lösung für die Situation überlegt.	5	
3 a)	Du bewertest die Geste von Jaz mit Blick auf ihre mögliche Wirkung auf Nadima, z. B. dass Nadima sich durch das Anbieten der Schokolade eher zugehörig fühlt, da sie nun nicht mehr aufgrund der Sprachbarriere ausgegrenzt ist, dass Nadima Selbstvertrauen aufbauen kann, da sie die Geste versteht und darauf reagieren kann, dass die Geste Nadima Hoffnung gibt, dass sie und Jaz Freundinnen werden könnten.	4	
	Du bewertest die Geste von Jaz mit Blick auf die Bedeutung, welche die Schokolade in der Geschichte für die beiden Mädchen innehaben könnte, z. B.: der Beginn einer Freundschaft, die Überbrückung einer sprachlichen Barriere, ein Moment der Gemeinsamkeit und der Austausch zwischen zwei Kulturen.	4	
	Du bewertest die Geste von Jaz mit Blick darauf, wie sie selbst die die schwierige Situation wahrnimmt, in der sich die beiden Mädchen befinden, z. B. mit Blick auf die kreative und schnelle Lösung des Kommunikationsproblems, mit Blick auf die Persönlichkeit von Jaz, die sich anscheinend in Nadima hineinversetzt und ihr das Gefühl vermitteln möchte, dass sie willkommen ist und alles gut wird, und mit Blick auf die Rolle der Schokolade, die als Eisbrecher zwischen den Mädchen wirkt und sie miteinander verbindet.	4	

3 b)	Du knüpfst an die geschilderte Situation an, indem du darstellst, wie die Eltern und die Mädchen die Verständigungsprobleme während des gemeinsamen Essens bewältigen. Du schilderst z. B. wie alle mit Gestik und Mimik miteinander kommunizieren, was das gemeinsame Essen sehr lustig macht, sie manchmal jedoch auch an Grenzen bringt, wie Nadima und die Familie Wörter und Phrasen beim Essen austauschen und alle selbst miterleben, wie schwer es ist, eine unbekannte Sprache zu verstehen, Wörter auszusprechen und sich zu merken, wie die Kommunikation teilweise abbricht und ein unangenehmes Schweigen entsteht.	4	
	Du führst die Situation weiter aus, indem du darstellst, wie Jaz dazu beiträgt, dass sich Nadima während des Essens wohl fühlt, indem Jaz z. B. Nadima ermutigend anlächelt, englische Begriffe auf Notizzettel schreibt, Jaz ihr Handy benutzt und mittels Emojis kommuniziert und alle es ihr nachmachen.	4	
	Du stellst ferner dar, wie Nadima die Sympathie der Eltern durch ihr Verhalten gewinnt und Jaz noch mehr für sich einnimmt, z. B. indem Nadima sich offen und nicht eingeschüchtert verhält, sich für die Einladung mit einem kleinen Geschenk bedankt, Fotos ihrer Familie und Heimat zeigt und der Familie zum Nachtisch eine Spezialität aus ihrer Heimat zubereitet.	4	
3 c)	Du stellst dar, wie Jaz auf die Idee kam, einen „food bazaar" zu organisieren, z. B. durch die Bedeutung, die Essen durch die Begegnung mit Nadima für Jaz bekommen hat, durch die Erkenntnis, dass Essen mehr als nur Nahrungsaufnahme ist und durch den Wunsch, ihre Erfahrungen mit anderen zu teilen.	4	
	Du führst aus, welche Rolle Essen im interkulturellen Zusammenleben spielen kann, z. B. dass verschiedene Kulturen an der Schule durch den Basar sichtbar gemacht werden, dass Begegnungsängste abgebaut werden, dass Einblicke in verschiedene Länder möglich werden und dass der persönliche Horizont erweitert wird.	4	
	Du stellst außerdem dar, wie Jaz den Basar organisieren möchte, z. B. indem sie ihre Mitschülerinnen und Mitschüler aufruft, Gerichte aus ihren Heimatändern oder aus denen ihrer Eltern mitzubringen, indem sie Flyer und Plakate erstellen und verteilen möchte und auch weitere Personen für die Organisation und Durchführung begeistern möchte.	4	

Lösungen

2. Sprachliche Leistung/Darstellungsleistung

Bei diesen Aspekten geht es um die sprachliche Qualität deiner Lösungen. Diese kannst du allein nicht sonderlich klar beurteilen. Du solltest daher jemanden bitten, sich deine Lösungen anzusehen und entsprechend der Kriterien zu „bepunkten".

a) Kommunikative Textgestaltung

Anforderungen	maximale Punkte	deine Punkte
1. Dein Text ist durchgängig verständlich und flüssig lesbar.	4	
2. Du hast deine Gedanken sinnvoll geordnet und wiederholst dich nicht unnötig.	4	
3. Du hast darauf geachtet, was für einen Text du schreiben sollst.	4	
maximale Gesamtpunktzahl	12	

b) Ausdrucksvermögen/Verfügbarkeit von sprachlichen Mitteln

Anforderungen	maximale Punkte	deine Punkte
3. Du kopierst nicht einfach die Stellen im Ausgangstext, sondern benutzt eigene Formulierungen und Satzmuster.	6	
4. Du benutzt Vokabular zur Meinungsäußerung (z. B. *in my opinion, on the one/other hand, ...*) und kannst dich gut ausdrücken.	6	
5. Du schreibst nicht nur einfache Sätze, sondern benutzt auch Haupt- und Nebensätze variabel.	3	
maximale Gesamtpunktzahl	15	

c) Sprachliche Korrektheit

Rechtschreibung

0 Punkte
In jedem Satz ist wenigstens ein Verstoß gegen die Regeln der Rechtschreibung feststellbar. Die falschen Schreibungen erschweren das Lesen und Verstehen des Textes durchweg und verursachen Missverständnisse.

1 – 2 Punkte
Es sind durchaus Rechtschreibfehler feststellbar. Jedoch sind Abschnitte bzw. Textpassagen (mehrere Sätze in Folge) weitgehend frei von Verstößen gegen die Regeln der Rechtschreibung. Das Lesen und Verstehen des Textes wird durch die auftretenden Rechtschreibfehler nicht wesentlich beeinträchtigt.

3 Punkte
Der gesamte Text ist weitgehend frei von Verstößen gegen Rechtschreibnormen. Wenn Rechtschreibfehler auftreten, haben sie den Charakter von Flüchtigkeitsfehlern, d.h. sie deuten nicht auf Unkenntnis von Regeln hin.

Grammatik

0 Punkte
In jedem Satz ist wenigstens ein Verstoß gegen die Regeln der grundlegenden Grammatik des einfachen Satzes feststellbar. Diese Verstöße erschweren das Lesen und Verstehen des Textes erheblich und verursachen Missverständnisse.

1 – 2 Punkte
Einzelne Sätze sind frei von Verstößen gegen die Regeln der grundlegenden Grammatik des einfachen Satzes. Fehler treten allerdings nicht so häufig auf, dass das Lesen und Verstehen des Textes beeinträchtigt wird.

3 – 4 Punkte
Es sind vereinzelt Verstöße gegen die Regeln der grundlegenden Grammatik des einfachen Satzes feststellbar. Jedoch sind Abschnitte bzw. Textpassagen (mehrere Sätze in Folge) weitgehend fehlerfrei. Das Lesen und Verstehen des Textes wird durch die auftretenden Grammatikfehler nicht erschwert.

5 – 6 Punkte
Der Text ist weitgehend frei von Verstößen gegen die Regeln der grundlegenden Grammatik. Wenn Grammatikfehler auftreten, betreffen sie den komplexen Satz und sind ein Zeichen dafür, dass der Prüfling Risiken beim Verfassen des Textes eingeht, um sich dem Leser differenziert mitzuteilen.

Wortschatz

0 Punkte

In (nahezu) jedem Satz sind Schwächen im korrekten und angemessenen Gebrauch der Wörter feststellbar. Die Mängel im Wortgebrauch erschweren das Lesen und Verstehen des Textes erheblich und verursachen Missverständnisse.

1 – 2 Punkte

Einzelne Sätze sind frei von lexikalischen Verstößen. Der Wortgebrauch ist jedoch nicht so fehlerhaft, dass das Lesen und Verstehen des Textes beeinträchtigt wird.

3 – 4 Punkte

Vereinzelt ist eine falsche bzw. nicht angemessene Wortwahl feststellbar. Einzelne Abschnitte bzw. Textpassagen (mehrere Sätze in Folge) sind weitgehend frei von lexikalischen Verstößen.

5 – 6 Punkte

Der Wortgebrauch (Struktur- und Inhaltswörter) ist über den gesamten Text hinweg treffend und angemessen.

Schreiben

Seite 125

Lösungsvorschläge:

Aufgabe 1

Jaz and her classmates are very excited about Nadima, a new girl in their class. In the break they surround Nadima at the canteen and try to get into contact. But that is difficult as Nadima apparently doesn't understand English. After first bombarding her with questions, the girls try out Google Translate, but without sucess as they have no idea which country Nadima is from and which language she speaks. They then quickly lose interest and go away. Jaz, however, acts differently from the beginning. She is the only one who understands the situation Nadima is in and argues with her classmates. When they leave, she stays on and tries different ways in order to get a reaction from Nadima. As her attempts in German and French fail, she offers Nadima some chocolate – and that breaks the ice.

Aufgabe 2

Jaz seems to be the only one who understands the situation Nadima is in. She repeatedly tells the others that Nadima cannot understand them and might feel uncomfortable when they shoot questions at her. She even risks her relationship with the others by standing up for the new girl. Even though she feels uncomfortable with the situation and with Nadima's silence, she doesn't give up like the others, but smiles and uses body language in order to get some reaction. She really wants to find a way to get into contact – and in the end she comes up with the clever idea of using chocolate.

Aufgabe 3 a)

When Jaz smiles at her and offers her chocolate, Nadima has a chance to react and establish some sort of relationship. She didn't understand the questions the other girls asked her and therefore couldn't react to them. But the offer of chocolate is something she understands and she can show this by offering Jaz something in return. This could be the beginning of a friendship.

I think Jaz has really found a clever way to deal with the situation. When language doesn't work to bridge the gap between different cultural backgrounds, just turning away can't be a sensible reaction either. There are always different options if people are friendly and really try to be helpful like Jaz: by using facial expression, body language and by giving Nadima a present she makes her feel welcome and can establish some sort of relationship.

Aufgabe 3 b)

Mum and Dad were already busy setting the table. Nadima just stood in the doorway to our kitchen. I saw her taking a deep breath and understood how difficult it was for her. I went over, smiled and introduced her to my parents. That was the easy part: everybody smiled and said hello. But then things got more difficult. When we then sat down around the table, I arranged to sit opposite Nadima so that we could have eye contact and I could reassure her. When we started eating it was OK – by pointing at the food and things on the table and by using a translation app on my phone we could communicate in a way. My parents really made an effort but soon nobody really knew what else to do or say and we were all silent, which became a bit embarrassing.

But then Nadima saved the situation: she had brought some photographs from her home country and her family. When she showed them to us, she explained slowly and patiently, so that we all understood what she was trying to say even if we didn't understand the words. It turned out to be a very nice and lively evening and my parents really came to like Nadima.

Aufgabe 3 c)

When I first met Nadima, the new girl from Syria at our school, we had trouble communicating with words, but "talked" to each other through food. This made me think. After all, food is something every human being wants – and needs. But food is more than just nourishment in order to survive. We all share the desire for a good meal with tasty and exciting flavours and ingredients, if that's available. Maybe food is the key to getting to know different cultures – and understand each other a bit better.

My idea is this: Why don't we organize a food bazaar at our school? If all the students could bring some dishes from their home country for everyone to share, we'd have a huge variety of dishes to visualize the cultural backgrounds at our school. We could get to know a lot about different cultures and enjoy yummy food at the same time!!!

Let's do it!!! If you like my idea, please contact me asap. I can't do it on my own. I need help: flyers and posters have to be designed – and made; maybe sponsors will have to be found; stands will have to be organized and put up – and taken down again …

Übersicht über die Punkteverteilung

Aufgabe	erreichte Punkte
Erster Prüfungsteil Hörverstehen Teil 1: (10) Hörverstehen Teil 2: (9)	
Zweiter Prüfungsteil Leseverstehen: "The power of traditional beliefs" (20) Wortschatz (24) Schreiben: Inhalt Aufgabe 1 (8) Inhalt Aufgabe 2 (10) Inhalt Aufgabe 3 (12) Sprache : Kommunikative Textgestaltung (12) Sprache: Ausdrucksvermögen (15) Sprache: Sprachliche Korrektheit (15)	

Deine Lehrerin oder dein Lehrer rechnet die erreichte Punktzahl nach einem vorgegebenen Schlüssel um und errechnet dann deine Note.

Step 3: Reorganisiere die Ideen aus deinem *mindwalk* in einer Tabelle, in der du den jeweiligen Orten die Gründe zuordnest, warum du dorthin fahren möchtest, und aufschreibst, was du tun willst. Schlage wie immer die Worte, die dir auf Englisch nicht einfielen, im Wörterbuch nach.

places	reasons	activities
London	I like big cities, the multicultural atmosphere is interesting, ...	visit ..., go shopping, ...
...	...	

Nun kannst du dich mit der Checkliste für Test 3 beschäftigen:

CHECKLISTE für Test 3

1. Zeit Ich habe genug Zeit, um den Test an einem Stück durchzuarbeiten.		☐
Zeitvorgaben:		
Für die Hörverstehensaufgaben	20 Minuten	☐
Für die Leseverstehensaufgaben	_____ Minuten	☐
Für Wortschatz	_____ Minuten	☐
Schreiben insgesamt	_____ Minuten	☐
davon Lesen	_____ Minuten	
davon Teil 1	_____ Minuten	☐
davon Teil 2	_____ Minuten	☐
davon Teil 3	_____ Minuten	☐
Puffer für Überarbeitung	(10 Minuten)	
2. Ort Ich kann hier voraussichtlich ungestört arbeiten.		☐
3. Arbeitsplatz		
– Uhr		☐
– Schreibmaterialien		☐
– für die Hörverstehensaufgaben einen Zugang zum Internet und zur Seite finaleonline.de		☐
– und **sonst nichts!**		☐

Angeleiteter Test 3 – New places – new perspectives

Erster Prüfungsteil: Hörverstehen

Aufgabe 1: Hörverstehen Teil 1

Calling home

 **Track 8**

You are going to hear a telephone conversation between two people, Lynn and Jake.

AUFGABEN

- First read the tasks.
- Then listen to the conversation.
- While you are listening, tick the correct box.
- At the end you can listen to the conversation again.
- Now read the tasks. You have **90 seconds** to do this.

- Now listen to the interview and do the tasks.

1 When Lynn calls Jack, for her it's …
a) early in the morning. ☐
b) around lunchtime. ☐
c) in the evening. ☐

2 Lynn works in _____ in Queenstown.

3 Queenstown is famous as _____ .

4 Kiteboarding is like …
a) surfing. ☐
b) paragliding. ☐
c) canoeing. ☐

5 Lynn likes …
a) mountain biking. ☐
b) hiking. ☐
c) canoeing. ☐

6 Lynn is in New Zealand …
a) in a student exchange. ☐
b) on holiday. ☐
c) in her gap year. ☐

7 Lynn ...

	right	wrong
a) can speak French.	☐	☐
b) has worked on a farm picking kiwis.	☐	☐
c) has been to both main islands of New Zeland.	☐	☐

Aufgabe 2: Hörverstehen Teil 2

At the airport

🎧 **Track 9**

Imagine you are travelling to the USA to start your job as an au pair with a family in Chicago. You have flown from Frankfurt and your aircraft has just landed safely at JFK airport in New York. You hear the following announcements, first on the aircraft and later in the airport building. Find out what you have to do.

AUFGABEN

- First read the tasks. You have three minutes to do this.
- Then listen to the announcements. There will be a short break after each announcement.
- Tick or fill in the correct answer to each question.
- Listen to the announcements a second time.

Announcement 1:

Now listen to the first part of the interview and find the correct answers.

1 I must keep my seat belt fastened until ...
a) the aircraft has landed. ☐
b) the aircraft has reached its parking position. ☐
c) the seatbelt signs have been turned off. ☐

2 After leaving the plane I must ...
a) pick up my luggage. ☐
b) proceed to immigration. ☐
c) open the overhead lockers. ☐

Announcement 2:

3 I must use lanes _____ because I am a _____ citizen.

4 I must present ...
a) my boarding pass. ☐
b) my passport and my immigration card. ☐
c) my boarding pass and my passport. ☐

Announcement 3:

5 After collecting my luggage I must _____ .

6 I can collect my luggage from belt …
a) no. 36. ☐
b) no. 26. ☐
c) no. 34. ☐

Announcement 4:

7 My connecting flight leaves from …
a) gate B 24. ☐
b) gate B 27. ☐
c) gate B 29. ☐

Announcement 5:

Tick the correct answers:

	right	wrong
8. I must not leave my luggage unattended.	☐	☐
9. If I see an unattended piece of luggage, I must take it to a security officer.	☐	☐

LÖSUNGSHILFEN

Denk an die Tipps aus den vorangegangenen Tests.

Gehe die *three steps* sorgfältig durch (vgl. S. 25). Bei Aufgabe 1 handelt es sich um detailliertes Verstehen, bei Aufgabe 2 um selektives Verstehen. Wenn du die Ausgangssituation genau kennst, wirst du weniger Schwierigkeiten haben: Wichtig ist, dass du dir klarmachst, in welcher Rolle du bist, woher du kommst und wohin du willst. Mache dir dazu hier einige Notizen:

_____

_____

_____

Markiere die Antworten beim ersten Hören zunächst mit Bleistift. Wenn du an einer Stelle nicht ganz sicher bist, dann lass die Antwort offen und konzentriere dich auf die nächste Ansage. Beim zweiten Hören aller Ansagen weißt du dann genau, an welcher Stelle du besonders hinhören musst.

Zweiter Prüfungsteil: Leseverstehen – Wortschatz – Schreiben

Aufgabe 3: Leseverstehen

Maybe you remember what you got to know about "Boxing Day", the day when rich families used to give presents to their servants? In the following short story by a famous New Zealand author you are taken to that period: the Sheridans, a well-off family with two daughters, Laura and Jose, are hosting a big garden party for the "high society" of their town. Just before the party is about to start, Laura, the younger daughter, notices some excitement among the servants.

AUFGABEN

- Now read the text to get an overall idea.

The Garden Party *Katherine Mansfield*

[...]

"What's the matter? What's happened?"

"There's been a horrible accident," said Cook. "A man killed."

"A man killed! Where? How? When?" [...]

5   "Know those little cottages just below here, miss?" Know them? Of course, she knew them. "Well, there's a young chap living there, name of Scott, a carter. His horse shied at a traction-engine, corner of Hawke Street this morning, and he was thrown out on the back of his head. Killed."

"Dead!" [...]

10   "Dead when they picked him up," [...] "He's left a wife and five little ones."

"Jose, come here." Laura caught hold of her sister's sleeve and dragged her through the kitchen to the other side of the green baize door. There she paused and leaned against it. "Jose!" she said, horrified, "however are we going to stop everything?"

15   "Stop everything, Laura!" cried Jose in astonishment. "What do you mean?"

"Stop the garden-party, of course." Why did Jose pretend?

But Jose was still more amazed. "Stop the garden-party? My dear Laura, don't be so absurd. Of course we can't do anything of the kind. Nobody expects us to. Don't be so extravagant."

20   "But we can't possibly have a garden-party with a man dead just outside the front gate."

That really was extravagant, for the little cottages were in a lane to themselves at the very bottom of a steep rise that led up to the house. A broad road ran between. True, they were far too near. They were the greatest possible eyesore,

25   and they had no right to be in that neighbourhood at all. They were little mean dwellings[1] painted a chocolate brown. In the garden patches there was nothing but cabbage stalks, sick hens and tomato cans. The very smoke coming out of their chimneys was poverty-stricken. Little rags and shreds of smoke, so unlike the great silvery plumes that uncurled from the Sheridans' chimneys.

30   Washerwomen lived in the lane and sweeps and a cobbler, and a man whose house-front was studded all over with minute[2] bird-cages. Children swarmed. When the Sheridans were little they were forbidden to set foot there because of the revolting language and of what they might catch. But since they were grown up, Laura and Laurie on their prowls[3] sometimes walked through. It

was disgusting and sordid. They came out with a shudder. But still one must 35
go everywhere; one must see everything. So through they went.

"And just think of what the band would sound like to that poor woman," said
Laura.

"Oh, Laura!" Jose began to be seriously annoyed. "If you're going to stop a
band playing every time someone has an accident, you'll lead a very strenu- 40
ous life. I'm every bit as sorry about it as you. I feel just as sympathetic." Her
eyes hardened. She looked at her sister just as she used to when they were
little and fighting together. "You won't bring a drunken workman back to life
by being sentimental," she said softly.

"Drunk! Who said he was drunk?" Laura turned furiously on Jose. She said, 45
just as they had used to say on those occasions, "I'm going straight up to tell
mother."

"Do, dear," cooed Jose.

"Mother, can I come into your room?" Laura turned the big glass door-knob.

"Of course, child. Why, what's the matter? What's given you such a colour?" 50
And Mrs. Sheridan turned round from her dressing-table. She was trying on
a new hat.

"Mother, a man's been killed," began Laura.

"Not in the garden?" interrupted her mother.

"No, no!"   55

"Oh, what a fright you gave me!" Mrs. Sheridan sighed with relief, and took
off the big hat and held it on her knees.

"But listen, mother," said Laura. Breathless, half-choking, she told the dreadful
story. "Of course, we can't have our party, can we?" she pleaded. "The band
and everybody arriving. They'd hear us, mother; they're nearly neighbours!" 60
To Laura's astonishment her mother behaved just like Jose; it was harder to
bear because she seemed amused. She refused to take Laura seriously.

"But, my dear child, use your common sense. It's only by accident we've heard
of it. If someone had died there normally – and I can't understand how they
keep alive in those poky little holes – we should still be having our party,
shouldn't we?"   65

Laura had to say "yes" to that, but she felt it was all wrong. She sat down on
her mother's sofa and pinched the cushion frill.

"Mother, isn't it terribly heartless of us?" she asked.

"Darling!" Mrs. Sheridan got up and came over to her, carrying the hat. Before
Laura could stop her she had popped it on. "My child!" said her mother, "the 70
hat is yours. It's made for you. It's much too young for me. I have never seen
you look such a picture. Look at yourself!" And she held up her hand-mirror.

"But, mother," Laura began again. She couldn't look at herself; she turned aside.
This time Mrs. Sheridan lost patience just as Jose had done.

"You are being very absurd, Laura," she said coldly. "People like that don't 75
expect sacrifices from us. And it's not very sympathetic to spoil everybody's
enjoyment as you're doing now."

"I don't understand," said Laura, and she walked quickly out of the room into
her own bedroom. There, quite by chance, the first thing she saw was this
charming girl in the mirror, in her black hat trimmed with gold daisies, and 80
a long black velvet ribbon. Never had she imagined she could look like that.
Is mother right? she thought. And now she hoped her mother was right. Am
I being extravagant? Perhaps it was extravagant. Just for a moment she had

another glimpse of that poor woman and those little children, and the body
85 being carried into the house. But it all seemed blurred, unreal, like a picture
in the newspaper. I'll remember it again after the party's over, she decided.
And somehow that seemed quite the best plan ...
[...]

Annotations:

1 dwellings: flats, little houses

2 minute: very small

3 prowls: wanderings

Quelle: Katherine Mansfield, *Selected Stories,* London and Oxford: Oxford Paperbacks, Oxford University
Press, 1969, pp. 239–251, this excerpt pp. 244–247

LÖSUNGSHILFEN

In Zeile 7 kennst du vielleicht „carter" oder „shied" nicht – auch „traction engine" ist nicht sicher bekannt;
hier hilft dir der Zusammenhang: Es geht um den tödlichen Unfall eines Mannes, der von einem Pferd fällt,
weil dieses „shied" (das deutsche Wort „scheute" klingt ja ganz ähnlich) wegen des Lärms eines Motors
(was genau für ein Motor dies war, ist für das Verständnis sicher nicht wichtig); und der Beruf des Mannes
hat vielleicht etwas mit Pferden zu tun, ist aber auch nicht so wichtig. Von Bedeutung für die Geschichte ist
ja nur, dass es sich um einen Mann aus der armen Bevölkerung, aus den „little cottages below" handelt.
In Zeile 12 zieht Laura ihre Schwester durch die Küche hinter eine „green baize door": hinter eine Tür also,
was ja zum Verständnis ausreicht. Dass diese mit einem filzähnlichen Stoff bespannte und dadurch schall-
dichte Tür in herrschaftlichen Häusern die Dienerschaft von den Wohnräumen der Familie trennte, musst
du nicht unbedingt wissen.
Das Wort „eyesore" in Zeile 24 besteht aus „eye" und „sore", die du ja wohl kennst; und wenn etwas den
Augen weh tut, dann doch wohl, weil es so hässlich ist.
„Washerwomen", „sweeps" und „cobbler" in Zeile 30 sind ja wohl Bezeichnungen für Berufe; „washerwomen"
kannst du sicherlich erschliessen und bei beiden anderen ist ja aus dem Zusammenhang heraus deutlich,
dass es sich ebenfalls um einfache, schlecht bezahlte Tätigkeiten handeln muss – mehr brauchst du nicht
zum Verständnis.
Den Ausdruck „what they might catch" in Zeile 33 kannst du wörtlich verstehen; „was sie sich fangen könn-
ten" verdeutlicht die Vorurteile der Eltern gegenüber der armen Bevölkerung: Wer arm ist und in schäbigen
Hütten lebt, hält es doch sicher auch mit der Hygiene nicht so genau ...
Der Ausdruck „you look such a picture" benutzt dasselbe Bild wie das deutsche „bildschön".

AUFGABEN

- Now do the following tasks.
- Tick the correct box and give evidence from the text.

1 The man who died in the accident was a husband and father.
This statement is
true ☐
false ☐
Evidence from the text:

_____

2 The man died on the way to hospital.
true ☐
false ☐
Evidence from the text:

_____

3 The accident happened just outside the front gate of the Sheridan's house.
This statement is
true ☐
false ☐
Evidence from the text:

_____

4 Laura thinks the party must be stopped because …
a) the servants would refuse to work. ☐
b) the family of the dead man would hear the music from the party. ☐
c) their guests would think badly about them. ☐
Evidence from the text:

_____

5 As kids, Laura and Jose used to play with the children from the village.
This statement is
true ☐
false ☐
Evidence from the text:

_____

6 Jose says: "I feel just as sympathetic." Do you think that is
true ☐
false ☐
Evidence from the text:

_____

7 Mrs Sheridan has bought a new hat for Laura.
This statement is
true ☐
false ☐
Evidence from the text:

_____

8 Mrs Sheridan doesn't share Laura's worries.
This statement is
true ☐
false ☐
Evidence from the text:

_____

9 In the end Laura changes her mind because …
a) her mother convinced her with good arguments. ☐
b) her mother cleverly used her vanity. ☐

Aufgabe 4: Wortschatz

The following text describes what happened on a family outing on a Sunday.

AUFGABEN

• Fill in suitable words or tick the correct box.

1 We grew up on the seafront in a village
a) between ☐
b) after ☐
c) about ☐
d) from ☐
the bus garage and the supermarket.

2 It was an idyllic location with a clear _____ of the sea.

3 We saw ships that _____ our country with the rest of the world.

a) reached ☐
b) connected ☐
c) compared ☐
d) left ☐

4 We used to _____ hours at the front bedroom window watching all

the boating activity in our small part of Bay.

5 The beach not far from the village was our summer

a) holiday ☐
b) activity ☐
c) home ☐
d) destination ☐

of choice for picnics, swimming and adventures.

6 One particular Sunday our family and some neighbours' children

a) camped ☐
b) headed ☐
c) played ☐
d) waited ☐

for the beach.

7 We positioned ourselves on the sand_____ to the sea.

8 My father led the six small children into the water

a) during ☐
b) where ☐
c) while ☐
d) whenever ☐

our mother kept watch on our clothes and arranged the picnic.

9 The water was up to my father's

a) ears ☐
b) shoulders ☐
c) elbows ☐
d) knees ☐

and our waists.

10 He now wanted to_____us how to dive into the incoming waves.

11 On his first dive he

a) waved ☐
b) shot up ☐
c) drove down ☐
d) rowed ☐

from the depths holding his mouth.

12 He had lost his

a) false ☐
b) wrong ☐
c) unhappy ☐
d) bad ☐

teeth, which ended the perfect day.

13 Our mother_____all our stuff and we trudged back home.

Die Lösungen findest du im Lösungsheft. Hier sollen dir nur einige Hinweise gegeben werden, wie dir Gesetzmäßigkeiten der Sprache (hier die Verbindung eines Wortes mit einer Präposition) helfen können, die Lösung zu finden.

6 Nach dem gesuchten Verb folgt eine Ortsangabe mit der Präposition „for". Du kannst also die Verben, die nicht mit „for" plus Ortsangabe verbunden werden können, ausschließen. Dazu gehört z.B. Lösung a. Das Verb „wait" (Lösung d) kann zwar mit „for" verbunden werden. Doch überlege nun, warum das mit „wait" und einer Ortsangabe ein Problem darstellt.

7 Auch hier kann dir die Präposition „to" plus Ortsangabe helfen. Überlege, welche Adjektive damit möglich sind.
Überlege immer, was von dir erwartet wird.

Aufgabe 5: Schreiben

• Read the article from the *Irish Times*.

So that's it. We are leaving Dublin behind and moving to the country

The future we had envisioned for our children no longer exists. That scares us.

How does that old phrase go again? [...] What's one more Covid article? But this isn't any old Covid article. I'm not going to bemoan anyone's response to the crisis. I'm not going to draw battle lines between young and old, or between mask-wearers and selfish cretins[1]. I'm not going to regret the days
5 when getting drunk in a pub just led to a shame-soaked hangover, not the death of your elderly neighbour.
In fact, this is barely about Covid-19 at all. It is more like the ravings[2] of a particularly zealous and manic televangelist about how the lockdown changed his life. Before I was blind; now I can see. I can see the light, the truth that
10 remained hidden from me for so long.
Things I thought were important now feel irrelevant.

Uncomplicated joys
Take football, for example. One of the great, uncomplicated joys of my life before lockdown was spending a Sunday in the kitchen, slowly cooking, drink-
15 ing a few beers and listening to live football on the radio. That's all I needed for true happiness and inner peace. The holy trinity: cooking food, drinking beer, and listening to a decent match. Since having kids this sacred custom has become a whole lot more chaotic, but no less enjoyable.
One of the first surprises of lockdown was how little I missed football, and
20 sport in general. What the hell was I going to listen to while cooking? The delicate balance of the perfect Sunday is all out of whack[3] without that sweet background noise of heartbreak and jubilation. I really thought I'd miss it, and I didn't. At all. I watched Bayern Munich's beautiful and ruthless castration

of Barcelona a while ago with little more than mild interest. I don't yet fully
understand why. My brain has been rewired. 25
I thought I'd miss the Olympics. I really thought I'd miss Wimbledon. There
is an alternate universe where I watched, with tears in my eyes, Roger Federer
lift that glorious and gleaming golden cup for a ninth time. That potential
reality has been denied to us all, and I thought I'd be sadder about it. At least
we got to see the first eight. 30
This rewiring of my brain doesn't just relate to sport; it relates to everything.
I see the world differently now, as I'm sure most people do.
I thought I'd miss going to cafes, restaurants, pubs, the cinema. And I suppose
I do ... a little. Nowhere near as much as I thought I would. I didn't even miss
seeing other people all that much, truth be told. Maybe it's a consequence of 35
growing older, or being busy with a young family. Maybe by being so connected
online, the need for face-to-face interaction is somehow lessened. Maybe it's
none of those things. [...]

Profound impact

The upshot of all this is a reappraisal of the things we really need. It has led 40
our little family to make a truly momentous decision; one that will have a
profound impact on all of our lives.
We need more space. We need a house to call our own; a house we can afford. We need to feel a reconnection with nature. We need to not smell our
neighbour's cigarette smoke when we're playing with our kids in our tiny 45
back garden. We need to not hear the earth-shattering construction of a hotel
behind our house. We need to hear birdsong again.
So that's it. We are leaving Dublin behind and moving to the country. We
are terrified and excited in equal measure. We are changing the course of our
children's lives. The future we had envisioned for them no longer exists. That 50
is what scares us the most; there is no going back.
In many ways this feels like a bigger decision than actually having children in
the first place. It feels like a bigger decision than moving in together or getting
married. They all felt like very natural things to do. This feels distinctly un-
natural to us. Our hand is, to a certain degree, being forced by circumstance. 55
To be not so plagued by doubt would be a fine thing. A fine thing indeed.
And yet. The waves of uncertainty are followed surely and swiftly by waves
of excitement. The potential of starting anew is limitless. We have no idea
where we'll end up, but we'll be together and we'll have a home to call our own.

1 **cretin** – stupid person

2 **ravings** – talking about something in an enthusiastic way

3 **out of whack** – German: aus dem Gleichgewicht

AUFGABEN

- Read the tasks carefully.
- Make sure to write about all the aspects presented in each task.

1 **Describe** the author's feelings in the Corona crisis and what the consequences are for the family.

2 **Explain** the means he uses to make his readers understand and share his feelings.

3 You have a choice here. Choose **one** of the following tasks.

a) **Comment** on the author's reaction to Covid-19 and the lockdown.
   Base your comment on the following points:

   - What do you think about the author's personal reactions to the crisis?
     Consider the situation of the children: How will they feel about leaving Dublin?

   or

b) Imagine the family has moved to a village in Donegal. Two years later Darragh Geraghty writes another article and describes their new life.
   Write this article.

   Include ..

   - what their feelings were when leaving their old home (the parents, the children),
   - what their new home is like,
   - how they tried to adapt to their new environment in the first few months,
   - how they feel after two years in the country.

LÖSUNGSHILFEN

Schreibe deine Texte auf ein Extrablatt.

Lösungshilfe zu Aufgabe 1: Wonach ist gefragt? Es geht um Gefühle *(the author's feelings)* und was daraus erwächst *(consequences).* Gehe vor wie bisher. Markiere die entsprechenden Stellen und formuliere dann deinen Text. Vergiss nicht, einen Einleitungssatz zu schreiben.

Lösungshilfe zu Aufgabe 2: Es geht hier darum, wie der Autor die Gefühle, die du in 1 dargestellt hast, für die Leser und Leserinnen nachvollziehbar macht, wie er versucht, die Leser und Leserinnen zu beeinflussen. Achte vor allem auf die Beispiele, die er bringt, und auf seine Wortwahl.

Lösungshilfe zu Aufgabe 3: Für welche Aufgabe entscheidest du dich und warum?

Nun schreibe deinen Text.

Test 3 – Auswertung

Zeitplanung

Leg dir zunächst wieder Rechenschaft darüber ab, wie du mit der Zeit – insbesondere bei der Schreibaufgabe – zurechtgekommen bist. Fülle dazu wie gewohnt die Tabelle aus:

Prüfungsteil	deine Zeitvorgabe (Minuten)	benötigte Zeit
1–2: Hörverstehen		
3: Leseverstehen		
4: Wortschatz		
5: Schreiben 1. Aufgabe		
2. Aufgabe		
3. Aufgabe		
Schreiben gesamt		
Zeitpuffer		
(2. Teil insgesamt)	(100)	
Test insgesamt	**120**	

Lösungen auswerten

Jetzt solltest du deine Feststellungen wieder notieren:

Das ist mir gut gelungen: _____

_____

_____

_____

_____

_____

_____

Das war schwierig für mich: _____

_____

_____

_____

_____

Bevor du nun an die Planung für Test 4 gehst, den du jetzt wirklich innerhalb der vorgesehenen 120 Minuten schaffen solltest, ist es sicherlich sinnvoll, wenn du einen Blick darauf wirfst, wie bei der ZP die Testaufgaben bewertet werden. Dann ist es auch leichter für dich, zu entscheiden, welche Testaufgaben du besonders sorgfältig bearbeiten solltest, wenn du nicht sicher bist, ob du wirklich alle in der vorgesehenen Zeit schaffen kannst.

Bewertung

Erster Prüfungsteil: Hörverstehen

Vergleiche bitte zunächst deine Lösungen zum Hörverstehensteil mit den Angaben im Lösungsheft und gib dir die entsprechenden Punkte gemäß der folgenden Listen.

- Für jede inhaltlich richtige Antwort gibt es die vorgegebene Punktzahl.
- Sprachliche Verstöße führen nicht zum Punktabzug. Solange der Sinn der Antwort unmissverständlich ist, gilt diese selbst bei mehreren sprachlichen Verstößen als richtig. Nur wenn die Verständlichkeit nicht mehr gegeben ist, darfst du dir keine Punkte geben.

Aufgabe 1: Hörverstehen Teil 1 *(Calling Home)*

Aufgabe	richtige Lösung	mögliche Punkte
1	c	1
2	a guest house	1
3	a sports centre / centre for outdoor sports	1
4	a	1
5	b	1
6	c	1
7a)	right	1
7b)	wrong	1
7c)	wrong	1
Gesamtpunktzahl		**9**

Aufgabe 2: Hörverstehen Teil 2 *(At the airport)*

Aufgabe	richtige Lösung	mögliche Punkte
1	c	1
2	b	1
3	5 – 7 (EU) or 8 – 10 (non-EU)	1
4	b	1
5	proceed through customs	1
6	a	1
7	b	1
8	right	1
9	wrong	1
Gesamtpunktzahl		**9**

Zweiter Prüfungsteil: Leseverstehen – Wortschatz – Schreiben
Aufgabe 3: Leseverstehen

Beim Leseverstehen gilt im Prinzip dasselbe wie beim Hörverstehen.
- Für jede inhaltlich richtige Antwort gibt es die vorgegebene Punktzahl. Jeweils die Hälfte der Punkte bekommst du für die richtige Lösung, etwa bei *true/false*. Die andere Hälfte bekommst du, wenn du die passende Textstelle angegeben hast (also bei Aufgabe 1 jeweils 0,5 Punkte und bei Aufgabe 3 jeweils 1 Punkt).
- Sprachliche Verstöße führen auch hier nicht zum Punktabzug.

Aufgabe	richtige Lösung	mögliche Punkte
1	true Evidence: left a wife and five kids	1
2	false Evidence: died when they picked him up	1
3	false Evidence: the little cottages were in a lane to themselves at the very bottom of a steep rise that led up to the house / a broad road ran between ...	2
4	b) Evidence: just think of what the band would sound like to that poor woman	2
5	false Evidence: they were forbidden to set foot there	1
6	false Evidence: Her eyes hardened. / She looked at her sister just as she used to when they were little and fighting together.	2
7	false Evidence: She was trying on a new hat (so the hat was for herself)	2
8	true Evidence: She seemed amused / She refused to take Laura seriously.	2
9	b) Evidence: Never had she imagined she could look like that / she hoped her mother was right.	2
Gesamtpunktzahl		**15**

Aufgabe 4: Wortschatz

Auch bei der Wortschatzaufgabe ist die Bewertung recht einfach. In der ZP hat dein Lehrer oder deine Lehrerin es nicht ganz so leicht, denn dort wird mit Bewertungseinheiten für Inhalt und Sprache gearbeitet, die dann in Punkte umgerechnet werden. Für deine Zwecke solltest du dir aber wieder einfach die entsprechenden Punkte für eine richtige Antwort geben.

Aufgabe	richtige Lösung	mögliche Punkte
1	a	0,5
2	view	1
3	b	0,5
4	spend	1
5	d	0,5
6	b	0,5
7	close/next	1
8	c	0,5
9	d	0,5
10	teach/show	1
11	b	0,5
12	a	0,5
13	packed/gathered/collected	1
Gesamtpunktzahl		**9**

Aufgabe 5: Schreiben

Bei der Schreibaufgabe musst du versuchen, ehrlich einzuschätzen, inwieweit deine Texte die Kriterien erfüllen. Besser ist es auf jeden Fall, wenn eine andere Person diese Einschätzung vornimmt. Zu einem vollständig sicheren Ergebnis wirst du nicht kommen können, aber du kannst zumindest grob einschätzen, wie du im Ernstfall abgeschnitten hättest und wo du Punkte verloren hast.
Bewertet wird zunächst die **inhaltliche** Leistung. Für die drei Teilaufgaben kannst du insgesamt 36 Punkte erreichen. Vergleiche deine Lösungen nun mit den Vorschlägen im Lösungsheft und gib dir Punkte, wenn du glaubst, inhaltlich ungefähr das gesagt zu haben, was du auch dort vorfindest.
Achtung: Die Punkte kannst du dir unabhängig von der sprachlichen Qualität geben, d.h. wenn deine Lösung inhaltlich ungefähr so ist wie im Lösungsvorschlag, dann kannst du dir die Punkte geben. Für jede Teilaufgabe kannst du bis zu neun Punkten vergeben.

Teilaufgabe	mögliche Punkte	erreichte Punkte
1	12	
2	12	
3	12	

Hinzu kommen jetzt Punkte für die sogenannte **kommunikative Textgestaltung**, das **Ausdrucksvermögen** und die **sprachliche Korrektheit**. Wie bereits vorgeschlagen, solltest du deine Lösung am besten einer anderen Person zeigen, die dir auch Punkte geben sollte. Ansonsten musst du versuchen, dich selbst einzuschätzen. Bei der ZP gelten dafür folgende Kriterien, die du berücksichtigen solltest:

a) Kommunikative Textgestaltung

	Anforderung	maximale Punktzahl
	Der Prüfling …	
1	erstellt durchgängig verständliche und flüssig lesbare Texte.	6
2	stellt die einzelnen Gedanken sinnvoll geordnet und ohne unnötige Wiederholungen dar.	6

b) Ausdrucksvermögen/Verfügbarkeit von sprachlichen Mitteln

	Anforderung	maximale Punktzahl
	Der Prüfling …	
1	löst sich in seinen Formulierungen vom Ausgangstext, indem er eigene Formulierungen und Satzmuster verwendet bzw. den Wortschatz des Ausgangstextes in eigene Formulierungen angemessen integriert.	6
2	bedient sich eines angemessenen allgemeinen und thematischen Wortschatzes bedient sich der Redemittel der Argumentation und Meinungsäußerung.	6
3	bildet auch komplexere Sätze (z. B. Haupt- und Nebensatz) und variiert den Satzbau.	3

c) Sprachliche Korrektheit

Rechtschreibung		
0 Punkte	**1 – 2 Punkte**	**3 Punkte**
In jedem Satz ist wenigstens ein Verstoß gegen die Regeln der Rechtschreibung feststellbar. Die falschen Schreibungen erschweren das Lesen und Verstehen des Textes durchweg und verursachen Missverständnisse.	Es sind durchaus Rechtschreibfehler feststellbar. Jedoch sind Abschnitte bzw. Textpassagen (mehrere Sätze in Folge) weitgehend frei von Verstößen gegen die Regeln der Rechtschreibung. Das Lesen und Verstehen des Textes wird durch die auftretenden Rechtschreibfehler nicht wesentlich beeinträchtigt.	Der gesamte Text ist weitgehend frei von Verstößen gegen Rechtschreibnormen. Wenn Rechtschreibfehler auftreten, haben sie den Charakter von Flüchtigkeitsfehlern, d.h. sie deuten nicht auf Unkenntnis von Regeln hin.

In jedem Satz ist wenigstens ein Verstoß gegen die Regeln der Rechtschreibung feststellbar. Die falschen Schreibungen erschweren das Lesen und Verstehen des Textes durchweg und verursachen Missverständnisse.	Es sind durchaus Rechtschreibfehler feststellbar. Jedoch sind Abschnitte bzw. Textpassagen (mehrere Sätze in Folge) weitgehend frei von Verstößen gegen die Regeln der Rechtschreibung. Das Lesen und Verstehen des Textes wird durch die auftretenden Rechtschreibfehler nicht wesentlich beeinträchtigt.	Der gesamte Text ist weitgehend frei von Verstößen gegen Rechtschreibnormen. Wenn Rechtschreibfehler auftreten, haben sie den Charakter von Flüchtigkeitsfehlern, d.h. sie deuten nicht auf Unkenntnis von Regeln hin.
In jedem Satz ist wenigstens ein Verstoß gegen die Regeln der Rechtschreibung feststellbar. Die falschen Schreibungen erschweren das Lesen und Verstehen des Textes durchweg und verursachen Missverständnisse.	Es sind durchaus Rechtschreibfehler feststellbar. Jedoch sind Abschnitte bzw. Textpassagen (mehrere Sätze in Folge) weitgehend frei von Verstößen gegen die Regeln der Rechtschreibung. Das Lesen und Verstehen des Textes wird durch die auftretenden Rechtschreibfehler nicht wesentlich beeinträchtigt.	Der gesamte Text ist weitgehend frei von Verstößen gegen Rechtschreibnormen. Wenn Rechtschreibfehler auftreten, haben sie den Charakter von Flüchtigkeitsfehlern, d.h. sie deuten nicht auf Unkenntnis von Regeln hin.

Grammatik			
0 Punkte	**1 – 2 Punkte**	**3 – 4 Punkte**	**5 – 6 Punkte**
In jedem Satz ist wenigstens ein Verstoß gegen die Regeln der grundlegenden Grammatik des einfachen Satzes feststellbar. Diese Verstöße erschweren das Lesen und Verstehen des Textes erheblich und verursachen Missverständnisse.	Einzelne Sätze sind frei von Verstößen gegen die Regeln der grundlegenden Grammatik des einfachen Satzes. Fehler treten allerdings nicht so häufig auf, dass das Lesen und Verstehen des Textes beeinträchtigt wird.	Es sind vereinzelt Verstöße gegen die Regeln der grundlegenden Grammatik des einfachen Satzes feststellbar. Jedoch sind Abschnitte bzw. Textpassagen (mehrere Sätze in Folge) weitgehend fehlerfrei. Das Lesen und Verstehen des Textes wird durch die auftretenden Grammatikfehler nicht erschwert.	Der Text ist weitgehend frei von Verstößen gegen die Regeln der grundlegenden Grammatik. Wenn Grammatikfehler auftreten, betreffen sie den komplexen Satz und sind ein Zeichen dafür, dass der Prüfling Risiken beim Verfassen des Textes eingeht, um sich dem Leser differenziert mitzuteilen.

Wortschatz			
0 Punkte	**1 – 2 Punkte**	**3 – 4 Punkte**	**5 – 6 Punkte**
In (nahezu) jedem Satz sind Schwächen im korrekten und angemessenen Gebrauch der Wörter feststellbar. Die Mängel im Wortgebrauch erschweren das Lesen und Verstehen des Textes erheblich und verursachen Missverständnisse.	Einzelne Sätze sind frei von lexikalischen Verstößen. Der Wortgebrauch ist jedoch nicht so fehlerhaft, dass das Lesen und Verstehen des Textes beeinträchtigt wird.	Vereinzelt ist eine falsche bzw. nicht angemessene Wortwahl feststellbar. Einzelne Abschnitte bzw. Textpassagen (mehrere Sätze in Folge) sind weitgehend frei von lexikalischen Verstößen.	Der Wortgebrauch (Struktur- und Inhaltswörter) ist über den gesamten Text hinweg treffend und angemessen.

http://www.standardsicherung.schulministerium.nrw.de

Du siehst: Die korrekte Bewertung ist hier gar nicht so einfach. Für deine Zwecke sollte es aber ausreichen, wenn du dir eine zumindest annähernde Orientierung darüber verschaffst, mit welchem Erfolg du bisher gearbeitet hast. Du kannst jetzt die Punkte für die verschiedenen Testteile addieren und überprüfen, welche Bewertungsnote du erreicht hättest:

Übersicht über die Punkteverteilung

Aufgabe	Teilaufgabe	mögliche Punkte	erreichte Punkte
1 – 3: Hör-/ Leseverstehen		33	
4: Wortschatz		9	
6: Schreiben			
	Inhalt Teil 1	12	
	Inhalt Teil 2	12	
	Inhalt Teil 3	12	
	Kommunikative Textgestaltung	12	
	Ausdrucksvermögen	15	
	Korrektheit	15	
	Gesamtpunkte	**120**	

Aus deinen erreichten Punkten kannst du jetzt mithilfe dieser **Notentabelle** eine Note ableiten:

104 – 120 Punkte	sehr gut
88 – 103 Punkte	gut
71 – 87 Punkte	befriedigend
54 – 70 Punkte	ausreichend
22 – 53 Punkte	mangelhaft
0 – 21 Punkte	ungenügend

Und? Wie hast du abgeschnitten? Es gibt ja eigentlich nur eine realistische Möglichkeit (Die theoretisch denkbare Möglichkeit, dass dein Ergebnis „mangelhaft" oder gar „ungenügend" lautet, können wir wohl ausschließen, wenn du dieses Buch bisher wirklich gründlich bearbeitet hast!): Dein Ergebnis ist mittelmäßig oder sogar gut. Wir als Autoren haben deshalb lange überlegt, ob wir die Bewertung überhaupt aufnehmen sollten. Wir haben uns dafür entschieden, weil wir glauben, dass du ein Recht darauf hast, die Bewertungs-kriterien zu kennen. So kannst du dich darauf einstellen. Zieh aber nicht die falschen Schlussfolgerungen! Wenn du bei diesem Testbeispiel gut abgeschnitten hast, dann ist das zwar ein gutes Zeichen, bedeutet aber nicht, dass dies jetzt automatisch auch bei der ZP der Fall sein wird. Es geht dort ja nicht unbedingt um dieselben Themen. Arbeite also in deinem eigenen Interesse auch die letzten Beispieltests gründlich durch. Wenn du möchtest, kannst du deine Lösungen auch dort wieder in ein Punktesystem übertragen, um einen Eindruck davon zu gewinnen, wie dein Ergebnis im Ernstfall ausgesehen hätte.

Wichtiger ist an dieser Stelle, dass du dir deine Ergebnisse bei den einzelnen Aufgaben noch einmal genau ansiehst und mit der Zeitplanung abgleichst. Wo hast du viel Zeit aufgewendet und trotzdem vergleichs-weise wenige Punkte erreicht? Wo hättest du leicht mehr Punkte erreichen können, wenn du dir mehr Zeit dafür genommen hättest?

Die Ergebnisse deiner Überlegungen solltest du jetzt wie gewohnt für die Planung von Test 4 nutzen.

Darauf möchte ich beim nächsten Test genauer achten: _____

_____

_____

_____

_____

_____

_____

_____

_____

_____

_____

_____

101

Vorschläge zur Wortschatzerweiterung

Durchgängiges Thema in Test 3 sind multikulturelle Aspekte. Im Gegensatz zu den ersten beiden Tests handelt es sich hier also um ein eher abstraktes Thema. Das bedeutet: Du kannst dieses Mal keinen **mindwalk** in einer konkreten Umgebung wie in einem Gebäude oder auf einer Landkarte machen, sondern musst dich dem Thema auf einer abstrakteren Ebene nähern, wie etwa bei dem Handy-Beispiel aus Kapitel A 5 „Wortschatzerweiterung – Wortfelder" (S. 38). Hier findest du einige Vorschläge für mögliche Abwandlungen des Prinzips.

Step1: Ein möglicher Weg, deinen **mindwalk** zu beginnen, wäre wieder, von dir selbst und deinen Erfahrungen auszugehen: *Living in another country – do I know people who do this, maybe in my class at school, some of my friends? What do I know about them? Where do they come from? Why are they here? Are they "different" in any way (clothes, appearance, customs, …)? What are their problems? …*
Solltest du, was sehr unwahrscheinlich ist, keinerlei Kontakt zu Menschen mit anderem kulturellen Hintergrund haben, kannst du vielleicht auch versuchen, dir selbst vorzustellen, dass du in einem anderen Land lebst, also etwa: *Living in another country – which one? Why would I go there? Would I have any problems there (language, customs, etc.)?*
Oder du begibst dich gedanklich direkt in die USA, wenn du aus dem Unterricht bereits genug darüber weißt. Denkbar wären folgende Fragestellungen: *What does it mean to say that the USA is a multicultural country?, "Multicultural" means many cultures. Where do the people come from?, Do they keep to themselves, live in special areas? Can I see that there are people from different cultures (skin colour, clothes, shops, restaurants …)? How do the cultures and races get along with each other? …*
Wenn du dich dem Thema auf diese Weise näherst, wirst du wahrscheinlich weitaus mehr Lücken feststellen. Andererseits bist du bereits auf einer Ebene, auf der du dich unter Umständen in einer Prüfung mit dem Thema auseinandersetzen sollst.
Es gibt, wie du siehst, zahlreiche Möglichkeiten, dich an Wortschatz zu erinnern. Welchen Weg du gehst, musst du selbst entscheiden.

Step 2: Wieder solltest du eine sinnvolle Form wählen, wie du deine Gedanken notieren und grob ordnen kannst. Wahrscheinlich ist als erster Schritt wieder die Form einer Mindmap angemessen. Egal wie du an das Thema herangegangen bist, du musst notieren, was dir eingefallen ist. Hier ein Beispiel zum Ausprobieren:

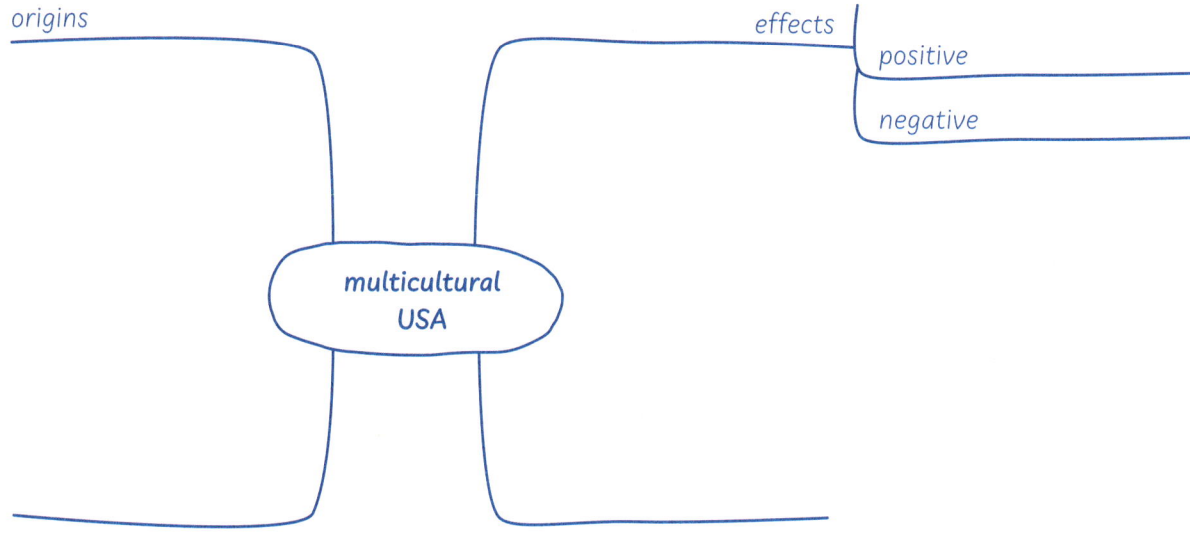

<u>Step 3:</u> Nutze dein Wörterbuch für die Begriffe, die du nicht auf Englisch formulieren konntest.

<u>Step 4:</u> Es geht nun um Ordnung und Organisation deiner Ideen. Verbinde also in deiner Mindmap Aspekte, die zusammengehören, oder, wenn du am Computer arbeitest, sortiere sie gleich um, sodass sie eine Gruppe bilden. Den Oberbegriff findest du wahrscheinlich schnell – möglicherweise helfen die in *step 1* erwähnten Fragen, falls du dich an ihnen orientiert hast. So könnten Kategorien entstehen wie: *Which cultures?/Historical aspects/Immigration/Problems.* Am Computer kannst du dann die Mindmap gleich umgestalten, indem du Äste zusammenführst und unter die Oberbegriffe stellst. Wenn du die Mindmap mit der Hand gezeichnet hast, legst du am besten wieder eine Tabelle an, um diese Ordnung deutlich zu machen.

<u>Step 5:</u> Es geht nun noch darum, weiteres nützliches Vokabular zum Thema zu sammeln und zu lernen. Wenn du dir deine Mindmap oder Tabelle noch einmal ansiehst und dabei vor allem auf die Oberbegriffe achtest, fallen dir eventuell auch noch weitere Aspekte ein, mit deren Hilfe du ergänzen kannst. Wenn dir nichts mehr einfällt, schau in dein Lehrbuch (Das Thema USA und „Immigration" kommt dort sicherlich vor!) oder benutze die Texte aus Test 3 und **scanne** sie daraufhin, ob sich dort weitere Punkte zur Ergänzung deiner Tabelle finden lassen. Achte auch auf Formulierungen von Aspekten, die du vielleicht bereits selbst gefunden hast – es kann gut sein, dass diese Aspekte in den Texten besser ausgedrückt wurden (siehe dazu auch den **Tipp** unten auf dieser Seite).
Eine Recherche im Internet kann auch helfen, obwohl du bei diesem Thema oft auf sehr abstrakte und sprachlich sehr schwierige Beiträge stoßen wirst. Wenn du etwa, wie in Kapitel A 5 „Wortschatzerweiterung – Wortschatzarbeit" (S. 38) empfohlen, in Wikipedia zum Thema „Immigration USA" suchst, findest du einen sehr langen und schwierigen Artikel, mit dem du sicher überfordert bist. Wenn du aber dem Beispiel zu dem Artikel über Handys folgst und dir vorher klarmachst, was genau du suchst, dann kannst du die Unterüberschriften dort scannen und gelangst sicher schnell zum Abschnitt *problems*. Darin findest du bestimmt Ideen und Ausdrücke, die dir helfen können.

TIPP

Du solltest nach Formulierungen suchen, nicht nach einzelnen Wörtern! Möglicherweise hast du bei diesem Themenbereich vorwiegend (oder sogar ausschließlich?) Nomen gesammelt. Mit Nomen allein kannst du aber keine Sätze bilden. Aus Test 1 und 2 weißt du, dass Verben genauso wichtig sind. Ergänze deine Listen also mit den Verben, die dir in den jeweiligen Kategorien einfallen. Überprüfe auch, ob die Nomen, die du gesammelt hast, eventuell häufig mit bestimmten Verben zusammen gebraucht werden, egal ob deutsch oder englisch. Wenn du im Deutschen typische Nomen-Verb-Verbindungen findest, überprüfe mit einem Wörterbuch, wie die Verbindung im Englischen funktioniert. Manchmal werden solche Verbindungen in den Sprachen gleich verwendet, z. B. entspricht „to create a better life for somebody" ziemlich gut dem deutschen „jemandem ein besseres Leben schaffen". Andererseits sagen wir im Deutschen „jemanden diskriminieren", während es im Englischen „to discriminate **against** somebody" heißt.

Folge den Hinweisen aus den vorangegangenen Tests und versuche, das, was du hier zusammengestellt hast, öfter anzuschauen, eventuell neu zu gliedern oder – die beste Lösung! – möglichst häufig anzuwenden, sei es mündlich und/oder schriftlich in der Schule oder aber in sonstigen Zusammenhängen. Wenn du so vorgehst, wird das neu hinzugewonnene Vokabular auch wirklich dauerhaft auf deiner Festplatte, deinem Gehirn, gespeichert und steht dir im Ernstfall auch sofort zur Verfügung.

Checkliste für Testbeispiel 4

Bevor du dich nun an den vierten Test begibst, schau dir noch einmal an, was du dir für diesen Test vorgenommen hast und welche Schlussfolgerungen du aus der Bewertung für deine Zeitplanung gezogen hast. Berücksichtige deine Überlegungen beim Ausfüllen der Checkliste:

CHECKLISTE für Test 4

1. Zeit Ich habe genug Zeit, um den Test an einem Stück durchzuarbeiten. Zeitvorgaben:		☐
Für die Hörverstehensaufgaben	20 Minuten	☐
Für die Leseverstehensaufgaben	_____ Minuten	☐
Für Wortschatz	_____ Minuten	☐
Schreiben insgesamt	_____ Minuten	☐
davon Teil 1	_____ Minuten	☐
davon Teil 2	_____ Minuten	☐
davon Teil 3	_____ Minuten	☐
Puffer für Überarbeitung	(10 Minuten)	
2. Ort Ich kann hier voraussichtlich ungestört arbeiten.		☐
3. Arbeitsplatz		
– Uhr		☐
– Schreibmaterialien		☐
– für die Hörverstehensaufgaben einen Zugang zum Internet und zur Seite finaleonline.de		☐
– und **sonst nichts!**		☐

Test 4 – The world of work

Erster Prüfungsteil: Hörverstehen

Aufgabe 1: Hörverstehen Teil 1

Radio adverts

 **Track 10**

You are going to hear five radio announcements advertising different jobs.

- First read the questions.
- Then listen to the adverts and answer the questions.
- You don't have to answer in full sentences.

Announcement 1:

1 What job is being advertised? _____

2 What is the salary per hour? £ _____

Announcement 2:

3 What job is being advertised? _____

4 What are the working hours? _____

Announcement 3:

5 Where is the job? _____

6 How long is the training course? _____

Announcement 4:

7 What kind of job is being advertised? _____

8 What qualifications do you need to do this job? _____

Announcement 5:

9 Where is the job? _____

10 What special qualification is required? _____

- Now listen to all the announcements again and check your answers.

Aufgabe 2: Hörverstehen Teil 2

Interesting jobs

 **Track 11**

You are going to hear a conversation between two people, Will and Susan, about interesting jobs.

AUFGABEN

- First read the questions. You have **90 seconds** to do this.
- Then listen to the conversation and try to find the answers.
- Careful: There is sometimes more than one correct answer!
- If you are not sure, don't worry! At the end you can listen to the conversation again.

1 Susan thinks being a vet would be great because …
a) everybody who owns a pet also needs a vet. ☐
b) vets normally earn more than doctors in human medicine. ☐
c) you care for many different animals. ☐

2 What do you get to know about Susan?
a) She has a dog. ☐
b) She loves mountain biking. ☐
c) She has just bought a new bike. ☐
d) She used to live in the country. ☐

3 To work as a bike mechanic fascinates Susan because …
a) she thinks she is good at it. ☐
b) it runs in the family. ☐
c) you have the chance to meet famous people. ☐

4 Will would like to be a cook because …
a) he would like to work abroad. ☐
b) he could become a star chef. ☐
c) he thinks he could create new dishes and people would love him for that. ☐

5 What do you get to know about Will?
a) He can speak French. ☐
b) He is a good cook. ☐
c) He works in a kindergarten. ☐

6 Will would like to be a sports coach because …
a) the kids at his youth club are keen on sports. ☐
b) he is good at football and basketball. ☐
c) the pay is very good. ☐

Zweiter Prüfungsteil: Leseverstehen – Wortschatz – Schreiben

Aufgabe 3: Leseverstehen

This text is about Sarah's first work experience.

AUFGABEN

- First read the text.
- Then do tasks **1–7.**

What a day

Everything went wrong on that first day. The alarm didn't go off and she overslept, so she didn't have time to have breakfast. She just put her clothes on and dashed out of the front door to catch the bus. The bus came but it was late. By the time she got to the station, the train had already left. There
5 was nothing else for her to do but to wait for the next one. Then there was an announcement telling her that the train was delayed because of technical problems. This was when she really started to panic. What a disaster! It was the first day of her work experience and she had got off to the worst possible start.

She was absolutely terrified when she finally arrived at "Mama Mia's" over an
10 hour late. Sarah took a deep breath and went inside. The boss was not happy. He told her loudly and clearly that she would be out of her job if this ever happened again. One of the trainees almost laughed his head off. He really enjoyed seeing her being told off in that way. Sarah hated him right from the start. "What an ass", she thought to herself and hoped that the others
15 wouldn't be like him.

Luckily for her, they weren't. She managed to have a chat with them just before the lunch session. She had been washing up for nearly three hours and her hands were incredibly sore. Anna, one of the kitchen staff, gave her some hand cream and offered her a cigarette. Sarah did not want a cigarette but she
20 was glad to hear a nice word from someone and went outside with her. They were all gossiping and told Sarah a few funny stories of how they had treated some difficult customers. Sarah couldn't stop laughing.

Later in the day, Gino, the manager, showed her how to lay a table properly. She thought it was silly at first but then she realised that it wasn't that
25 simple at all. There was so much to be learned about which types of cutlery and glasses there were, what they were used for and how to arrange them on the table. Her head was spinning with all the new information and she wasn't sure that she could take it all in, but Gino was very patient with her. He seemed a lot nicer now than he had been in the morning and told her to
30 have another break. He even gave her some freshly made Tiramisu. Sarah thought she was in heaven.

She spent the rest of the day trying to fold serviettes into beautiful shapes. A lot of them did not look beautiful at all but Gino did not seem to mind. He told her to put them on the washing pile and assured her that she would get better with practice. Sarah thought that no matter how much practice she 35 put into it, her serviettes would never look as beautiful as those that Gino and the waiters folded.

On the way home, she was so tired that she almost fell asleep on the train. She had wanted to meet up with her friends in the evening but she didn't have the energy. Her feet were aching and all she wanted was a quiet evening at home. 40 She sent a text message to Charlotte telling her that she wasn't going to come and hoped that the others wouldn't be angry with her.

AUFGABEN

- For task **1** tick the correct box. Tick only one box.
- For task **2** complete the information.
- For tasks **3–7** decide if the statements are true or false and tick the correct answer. Then finish these sentences you can quote from the text.

1 Sarah didn't catch her train because …
a) she had overslept. ☐
b) her bus was late. ☐
c) there were technical problems with the train. ☐

2 At Mama Mia's she was not treated nicely at first. How do we know?
Give two examples from the text.

a) _____

b) _____

3 This first morning she had to work in the kitchen.
This statement is
a) true ☐
b) false ☐
because the text says

_____

4 In the lunch break she could not relax because of her sore hands.
This statement is
a) true ☐
b) false ☐
because the text says

_____

5 After the lunch break things went better for Sarah.
This statement is
a) true ☐
b) false ☐
because the text says

_____

6 During the afternoon Sarah realized that there was a lot for her to learn.
This statement is
a) true ☐
b) false ☐
because the text says

_____

7 As it was her first day at work she had planned a quiet evening at home.
This statement is
a) true ☐
b) false ☐
because the text says

_____

Aufgabe 4: Wortschatz

AUFGABEN

- Sentences **1, 2, 6, 7** and **9–11**: Fill in one or more suitable words.
- Sentences **3–5** and **8**: Tick the correct box (there is only **one** correct answer.)

1 If you want to get a good job after school you need good _____ .

2 After your final exams at school you must first _____ for a job.

3 The firm or company might then set a date for a job …
a) conversation. ☐
b) discussion. ☐
c) interview. ☐
d) talk. ☐

4 In this situation you must show that you are a …
a) appropriate ☐
b) nice ☐
c) suitable ☐
d) well ☐
… candidate.

5 If you get the job, you will at first not …
a) deserve ☐
b) earn ☐
c) merit ☐
d) serve ☐
… much money.

6 After some time your wages will _____ .

7 If you do your job well for some years you might be _____ .

8 Of course you need certain skills to do your job …
a) in reality ☐
b) real ☐
c) realistically ☐
d) really ☐
… well.

9 On the other hand, if you are lazy you might be _____ .

10 People who are not satisfied with their wages or working conditions often

go on _____ to fight for an improvement in their situation.

11 Or, if this does not help, they _____ .

Aufgabe 5: Schreiben

AUFGABEN

• First read the text to get an overall idea.

Mark Haddon,
The Curious Incident of the Dog in the Night-Time
(Chapter 83)

I think I would make a very good astronaut.
To be a good astronaut you have to be intelligent and I'm intelligent. You also
have to understand how machines work and I'm good at understanding how
machines work. You also have to be someone who would like being on their
5 own in a tiny spacecraft thousands and thousands of miles away from the
surface of the earth and not panic or get claustrophobia or homesick or insane.
And I like really little spaces, so long as there is no one else in them with me.
Sometimes when I want to be on my own I get into the airing cupboard in
the bathroom and slide in beside the boiler and pull the door closed behind
10 me and sit there and think for hours and it makes me feel very calm.
So I would have to be an astronaut on my own, or have my own part of the
spacecraft which no one else could come into.
[…]
And I would have to talk to other people from Mission Control, but we would
15 do that through a radio link-up and a TV monitor so they wouldn't be like
real people who are strangers, but it would be like playing a computer game.
Also I wouldn't be homesick at all because I'd be surrounded by lots of the
things I like, which are machines and computers and outer space. And I would
be able to look out of a little window in the spacecraft and know that there
20 was no one else near me for thousands and thousands of miles, which is what
I sometimes pretend at night in the summer when I go and lie on the lawn

and look up at the sky and I put my hands round the sides of my face so that
I can't see the fence and the chimney and the washing line and I can pretend
I'm in space.
And all I could see would be stars. And stars are the places where the mol- 25
ecules that life is made of were constructed billions of years ago. For example,
all the iron in your blood which stops you being anaemic[1] was made in a star.
And I would like it if I could take Toby with me into space and that might be
allowed because they sometimes do take animals into space for experiments,
so if I could think of a good experiment you could do with a rat that didn't 30
hurt the rat, I could make them let me take Toby.
But if they didn't let me, I would still go because it would be a Dream Come
True.

1 **anaemic** – dt.: blutarm

Quelle: Mark Haddon, *The Curious Incident of the Dog in the Night-Time,* New York, 2003

AUFGABEN

- Read the tasks carefully.
- Write complete sentences.
- Make sure you write about all the aspects presented in each task.

1 Describe what the narrator's dream is and what qualifications he thinks he has.
(Write about 90 words.)

_____

_____

_____

_____

_____

_____

_____

_____

_____

_____

_____

2 Explain what kind of person the narrator is. Prove what you write about him with information from
the text.
(Write at least 100 words.)

_____

_____

_____
_____
_____
_____
_____
_____
_____
_____
_____
_____

3 You have a choice here. Choose one of the following tasks:

a) Continue the story.

b) Imagine you want to become an astronaut. Write a letter of application.
   (Write at least 100 words.)

_____
_____
_____
_____
_____
_____
_____
_____
_____
_____
_____
_____
_____
_____
_____
_____
_____

Test 4 – Auswertung

Geschafft! Du hast nun auch das vierte Testbeispiel hinter dir. Verfahre bitte bei der Auswertung genau wie bei den vorangegangenen Tests und prüfe dabei, ob die Punkte, die du besonders beachten wolltest, dir geholfen haben.

Die Schritte zur Auswertung sind:
- **Zeitplanung**
- **Lösungen auswerten** und (wenn du willst)
- **Bewertung**

Notiere bitte wieder deine Erfahrungen und deine Schlussfolgerungen für den Umgang mit der nun folgenden Originalprüfung aus dem Jahr 2022:

Das ist mir gut gelungen:

_____

_____

_____

_____

_____

_____

_____

Das war schwierig für mich:

_____

_____

_____

_____

_____

Darauf möchte ich beim nächsten Test genauer achten:

_____

_____

_____

_____

_____

_____

Vorschläge zur Wortschatzerweiterung

Welche Art von *mindwalk* kannst du dir beim Thema Arbeitswelt vorstellen? Du solltest überlegen, was in diesem Bereich für Prüfungszwecke wirklich nützlich sein kann. Es ist sicherlich wenig sinnvoll, die Namen möglichst vieler Berufe zu lernen oder den Spezialwortschatz aus einzelnen Berufsfeldern. Wichtiger ist es, dass du über einen guten Wortschatz in allgemeinen Bereichen des Berufslebens verfügst.

Hilfreich könnte es sein, wenn du dir über deine eigenen Berufsvorstellungen Gedanken machst und überlegst, wie du das in der Fremdsprache ausdrücken kannst, denn es wäre durchaus möglich, dass du eine Schreibaufgabe zu deinen Vorstellungen über deine eigene berufliche Zukunft bekommst. Es wäre also sinnvoll, zu diesem Thema zwei unterschiedliche *mindwalks* durchzuführen, die sich aber möglicherweise teilweise überschneiden. Solche Überschneidungen bedeuten keine überflüssige Arbeit. Im Gegenteil, wie du ja bereits weißt: Wenn du Neues an verschiedenen Stellen in deinem Gehirn verankerst, ist es hinterher für dich leichter abrufbar, du hast es also besser gelernt.

Allgemeiner Wortschatz

Step 1: Denkbare Ausgangsfragen zum Berufsleben im Allgemeinen wären z. B. *What do I know about finding a job? What is important if I want to apply for a job? Why do people (want to) work?*

Step 2: Notiere deine Gedanken. Entscheide selbst, welche Form hier die angemessene ist: Mindmap oder Tabelle (oder beides).

Step 3: Ziehe das Wörterbuch zu Rate.

Step 4: Denke bei weiteren Sortierungen daran, neben Nomen auch Verben zu sammeln. Im vorliegenden Themenbereich sind auch Adjektive hilfreich. Gerade bei Adjektiven kannst du oft durch das Hinzufügen einer Vorsilbe wie „un-" oder „in-" ein weiteres Adjektiv mit entgegengesetzter Bedeutung bilden. Hier einige Vorschläge (wenn du sie nicht kennst, schlage ihre Bedeutung in Bezug auf den Bereich Arbeitswelt nach):

skilled	– unskilled
experienced	– inexperienced
suitable	– unsuitable
employed	– unemployed
permanent	– temporary

Sortiere sie an geeigneter Stelle ein.

Step 5: Wie immer kannst du nun versuchen, das schon Vorhandene zu erweitern. Die Möglichkeiten kennst du aus den bisherigen Tests. Zum Themenfeld Arbeitswelt wäre es sicherlich interessant, vor allem auch (möglichst englische) Stellenanzeigen oder Arbeitsgesuche zu lesen.

Wortschatz zu eigenen Berufsvorstellungen

Step 1: Es sollte kein Problem für dich sein, die hier für dich wichtigen Fragen zu formulieren. *What are my interests? What do I want to do? Where ...?*

Step 2: wie oben

Step 3: wie oben

Step 4: Überlege, welche Situationen beim Eintritt ins Berufsleben auf dich zukommen. Sortiere deinen Wortschatz unter Rubriken wie *applying for a job, job interview*. Überprüfe dann deine Listen auf Vollständigkeit (Kannst du alles, was du sagen oder schreiben willst, auf Englisch ausdrücken?) und ergänze sie eventuell mithilfe des Wörterbuchs.

Bevor du nun mit der Originalprüfung beginnst, gehe bitte die Checkliste noch einmal durch und stelle sicher, dass du gut vorbereitet bist:

CHECKLISTE für die Originalprüfung 2022

1. Zeit Ich habe genug Zeit, um den Test an einem Stück durchzuarbeiten.		☐
Zeitvorgaben:		
Für die Hör- und Leseverstehensaufgaben	40 Minuten	☐
Für Wortschatz	_____ Minuten	☐
Schreiben insgesamt	_____ Minuten	☐
davon Teil 1	_____ Minuten	☐
davon Teil 2	_____ Minuten	☐
davon Teil 3	_____ Minuten	☐
Puffer für Überarbeitung	(10 Minuten)	
2. Ort Ich kann hier voraussichtlich ungestört arbeiten.		☐
3. Arbeitsplatz		
– Uhr		☐
– Schreibmaterialien		☐
– für die Hörverstehensaufgaben einen Zugang zum Internet und zur Seite finaleonline.de		☐
– und **sonst nichts!**		☐

Zentrale Prüfungen 2022 – Englisch, Mittlerer Schulabschluss

Quelle der Aufgabenstellung

Qualitäts- und UnterstützungsAgentur – Landesinstitut für Schule
Die Abbildungen weichen aus lizenzrechtlichen Gründen von der Darstellung in der Originalprüfung ab.

INFO

Die Bearbeitungszeit beträgt **20 Minuten** für den ersten Prüfungsteil und **100 Minuten** für den zweiten Prüfungsteil. Insgesamt **10 Minuten Bonuszeit** können individuell im ersten und/oder zweiten Prüfungsteil in Anspruch genommen werden.

Erster Prüfungsteil: Hörverstehen

Hörverstehen Teil 1

A hockey lesson

 Track 12

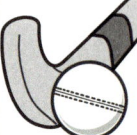

Simone, the main character of Jenny Colgan's book "Class", is new at an all-girls school in Cornwall. You are going to hear an excerpt from the audiobook. In this excerpt, Simone is having her first PE lesson at the new school.

AUFGABEN

• First read the tasks.
• Then listen to the extract.
• While you are listening, tick the correct box.
• At the end you will hear the extract again.
• Now read the tasks. You have **90 seconds** to do this.

• Now listen to the extract and do the tasks

1 At Simone's new school, PE lessons take place ...
a) daily. ☐
b) once a week. ☐
c) several times a week. ☐

2 At the beginning of the lesson Simone feels ...
a) relaxed. ☐
b) curious. ☐
c) worried. ☐

3 The PE teacher wants the girls to ...
a) behave fairly. ☐
b) take sports seriously. ☐
c) focus more on schoolwork. ☐

4 In order to put teams together, the teacher …
a) numbers the students. ☐
b) lets the students choose. ☐
c) hands out coloured bands. ☐

5 Compared to Simone's old school, the new sports area is …
a) bigger. ☐
b) similar. ☐
c) indoors. ☐

6 When it comes to hockey, Simone has …
a) a lot of fun. ☐
b) no experience. ☐
c) a strong motivation. ☐

7 During the game the PE teacher …
a) instructs the students. ☐
b) observes the students. ☐
c) plays with the students. ☐

8 When the players first run towards Simone, she …
a) is helpless. ☐
b) keeps cool. ☐
c) is terrified. ☐

9 Confronted with the other team, Simone reacts …
a) passively. ☐
b) confidently. ☐
c) automatically. ☐

10 It turns out Simone is a …
a) bad player. ☐
b) careful player. ☐
c) talented player. ☐

In 30 seconds you will hear the extract again so you can check your answers.

Hörverstehen Teil 2

Conkers[1]: A traditional seasonal game

 Track 13

October is conker season in Ireland. Terry of RTÉ radio is talking to Patricia in St. Anne's Park in Dublin about a very well-known game.

AUFGABEN

- First read the tasks.
- Then listen to the interview.
- While you are listening, tick the correct box.
- At the end you will hear the interview again.
- Now read the tasks. You have **90 seconds** to do this.

- Now listen to the interview and do the tasks.

1 St. Anne's Park is the location of ...
a) a coming competition. ☐
b) an ongoing competition. ☐
c) a recently finished competition. ☐

2 You play conkers ...
a) in teams. ☐
b) by yourself. ☐
c) against another person. ☐

3 In the game you have to ...
a) roll a conker. ☐
b) catch a conker. ☐
c) attack a conker. ☐

4 The game is over when a conker falls ...
a) to pieces. ☐
b) to the ground. ☐
c) out of your hand. ☐

5 To prepare for the game, one tip is to choose ...
a) old conkers. ☐
b) soft conkers. ☐
c) fresh conkers. ☐

6 The game of conkers started ...
a) somewhere in Ireland. ☐
b) hundreds of years ago. ☐
c) as a competition sport. ☐

7 Today some people feel that conkers is a …
a) waste of time. ☐
b) dangerous activity. ☐
c) typical kids' game. ☐

8 One idea of the Irish Conker Championship is to …
a) modernise the game. ☐
b) connect young and old. ☐
c) get people into the fresh air. ☐

9 To take part in the Championship, you …
a) should have some skill. ☐
b) have to sign up quickly. ☐
c) must use your own equipment. ☐

In 30 seconds you will hear the interview again so you can check your answers.

1 conker – Kastanie

Zweiter Prüfungsteil: Leseverstehen – Wortschatz – Schreiben

Leseverstehen

The power of traditional beliefs

A group of young people are sitting around a table when one of them scratches his nose. "Ah, my nose is itchy[1]," he says. Then he hits his mates lightly and everything is fine again.

If you know something about Irish superstitions[2], you'll understand that traditionally an itchy nose is a sign of an upcoming fight, and that a fight for fun   5
should be carried out to make sure that a real fight will not happen. Many of us hear superstitions like these in the schoolyard or around the family dinner table and carry them on into adult life.

How many others can you remember, now you're thinking about it? Itching on the inner side of your hands – a sign of money to come. Itching on the   10
temples[3] – something will make you cry.

But it's not all about itching. A gap between the front teeth is a sign of a beautiful singing voice. A black spot on the tongue is a sign of telling lies. Many Irish parents who want their children to tell the truth, tell them: "Stick your tongue out so I can see if you're lying". If your ears are "burning", someone   15
is talking about you. If it's the right ear that feels extremely warm, people are talking about you positively, but if it's the left ear, the talk is negative.

In Ireland, the word for superstition is *piseog*, but the word does not only describe simple sayings and unusual beliefs. In old stories everything connected with magic is believed to be a *piseog*.   20

A classic *piseog* was connected to *May Day*[4] morning. For Irish people *May Day* was the turning of the year from winter into summer, a time for changes. An unkind person could go out on this particular morning and hide old meat in the hay, or old eggs everywhere on your farm. If you didn't find these things, your luck would turn bad. *May Day* was also a time for good   25
changes – washing one's face with dew[5] on this morning would provide people with fresh beauty throughout the year.

These old beliefs, or superstitions, may seem silly to us now, thinking about them in the light of modern science, but they show our psychological needs. And they show how we as humans have thought, felt, and interacted with the   30
world around us and with each other.

Though we can understand the logic behind the origins of some *piseogs*, they survived because of repetition, not because they made sense. When something is done again and again, down through the generations, it becomes not a superstition but a tradition. Traditions are links to the past and a connec-   35
tion through the generations. Based on them, each new family creates their own rituals.

Maybe the old *piseogs* save us from bad luck and bring about good luck, or maybe they don't. We don't know for sure, so it's up to you to decide what
40 to believe in.

1 **itchy** – making you want to scratch

2 **superstition** – the belief that something can bring good or bad luck

3 **temples** – a the flat parts of your head between your eyes and ears

4 **May Day** – 1st May, a traditional spring festival celebrated in many countries

5 **dew** – drops of water that form outside during the night

AUFGABEN

Your English class is doing a project on the strange things people in the English-speaking world believe in. You decide to take a closer look at Ireland. The online article above gives you some information.

- Tick the correct box and give **one** piece of evidence from the text by quoting short passages from the text.

1 In Ireland, an itchy nose stands for future …
a) joy. ☐
b) trouble. ☐
c) friendship. ☐
One piece of evidence from the text:

_____

2 In Irish belief, itching can also mean future wealth.
This statement is
a) true ☐
b) false ☐
One piece of evidence from the text:

_____

3 In Ireland, you ask someone to stick their tongue out to check for …
a) illness. ☐
b) honesty. ☐
c) bad thoughts. ☐
One piece of evidence from the text:

_____

4 Your ears can tell you what …
a) the weather will be like. ☐
b) path your future will take. ☐
c) other people think of you. ☐
One piece of evidence from the text:

_____

5 The Irish expression *piseog* stands for something that is real.
This statement is
a) true   ☐
b) false   ☐
One piece of evidence from the text:

_____

6 People played tricks on other people on *May Day* to …
a) make fun of them.   ☐
b) force them to clean up.   ☐
c) cause problems for them.   ☐
One piece of evidence from the text:

_____

7 Today we know that old beliefs tell us a lot about people.
This statement is
a) true   ☐
b) false   ☐
One piece of evidence from the text:

_____

8 Old beliefs still exist today because they …
a) make sense to us.   ☐
b) explain lots of things.   ☐
c) are practised regularly.   ☐
One piece of evidence from the text:

_____

9 How people practise these beliefs can vary.
This statement is
a) true   ☐
b) false   ☐
One piece of evidence from the text:

_____

10 Finally, the author wants the reader to …
a) choose what to think.   ☐
b) pass on the old beliefs.   ☐
c) forget about superstition.   ☐
One piece of evidence from the text:

_____

Wortschatz

Food as a cultural experience

One way to experience the culture of a foreign country is through food. Find out how the food we eat influences us.

AUFGABEN

- Fill in suitable words **or** tick the correct box.
- Give only one solution.

1 There is a bigger …
a) union ☐
b) connection ☐
c) touch ☐
d) contact ☐
between food and culture than you may think.

2 On a personal level, we grow up eating the food of our family's culture.
For many of us, warm feelings and good memories …
a) arrive at ☐
b) get to ☐
c) come to ☐
d) go for ☐
our minds when we think about food from our childhood.

3 Almost every one of us has his or her favourite food. What is yours? Surely just thinking
about the _____ of your favourite food might make you feel hungry.

4 A lot of food is also known for getting you back up on your feet again when you
are feeling _____. Sometimes having a cup of tea or a hot soup
will definitely make you feel better.

5 Many _____ from all over the world change our food today.
So you don't need to travel to foreign countries, because you can enjoy all kinds of different food
in your hometown.

6 Indian, Thai, Turkish, Italian or Chinese food is available everywhere. There is such a big …
a) difference ☐
b) description ☐
c) change ☐
d) variety ☐
you can choose from.

7 Nowadays, traditional food is often mixed with food from other countries when immigrants bring the
food of their countries with them to keep their _____ alive.

8 When people move from one country to another, making food from their hometown
is often a way for them to …

a) guide ☐

b) govern ☐

c) manage ☐

d) command ☐

homesickness and to feel connected to their native country.

9 Many people also open their own _____ to sell food and to introduce
local people to other cultures.

10 For example, Indian curries such as chicken tikka masala are now …

a) generally ☐

b) only ☐

c) daily ☐

d) rarely ☐

regarded as typical British food.

11 Or think about your own cuisine! Turkish kebabs or Italian pizza and pasta are now
_____ in many street food restaurants all over the world.

12 You've been out for lunch and had some _____ Thai food.
Get the recipe and try to cook it at home!

13 You see, food can be a great way of getting to know other cultures and people, and it …

a) creates ☐

b) unites ☐

c) combines ☐

d) meets ☐

us in more ways than one.

Schreiben

Do you speak chocolate

extract from *Do you speak chocolate?* by Cas Lester

Jaz, a British girl, is explaining how she has made friends with Nadima, a refugee from Syria.

Outside, on the steps by the canteen, everyone crowded around Nadima [...]. On the one hand to make her welcome, but on the other hand mostly because they didn't want to miss anything.

Kara was right in the centre of the crowd.

5 "Hi! I'm Kara," she said, "Where are you from?"

Nadima smiled as if she was sorry.

"I don't think she understands you," I said.

Kara shot me an angry look. "You don't say," she said. Then she repeated the question more slowly and [...] much louder.

10 "I don't think she's deaf," I said.

Kara ignored me and went on. "Do ... you ... speak ... English?"

But before Nadima could even answer Chloe said, "How long have you been in England?"

And Lily said, "Where do you live now?"

15 They showered her with questions. It was absurd! Nadima just did a lot of smiling and nodding. But she was starting to look a bit confused.

"Seriously!" I cried. "Give her a break. It's obvious she can't understand a word you're saying."

"Well, that's just racist! Thinking she can't speak English!" declared Kara.

20 "No, it's not!" I said angrily. "Mrs C told us Nadima doesn't speak much English!" I said.

Nadima looked at me when I mentioned her name. I suddenly felt embarrassed, like we were all talking about her as if she wasn't there.

[...]

25 "Wait! I've just had a brilliant idea," said Kara. She took out her phone from her back pocket.

"We can use Google Translate!"

"Good idea," cried Lily, getting her phone out too.

"Yes!" agreed Chloe and Elly, grabbing theirs. I didn't bother. Honestly, me and

30 Google Translate? I have enough trouble reading English.

Kara's "brilliant" idea turned out to be a complete failure. The basic error in her plan was that we didn't actually know which country Nadima was from. And, when we tried asking her, she didn't understand.

[...]

35 She just stood there looking puzzled. I gave her a big smile and raised my shoulders in a big comedy shrug. She smiled and did a big shrug back.

As soon as Kara realised it was going to be impossible to actually talk to Nadima she got bored and went away – taking Lily with her of course. So everyone else followed them too.

40 Soon I was the only one left with Nadima.

There was a long, horrible silence while we both looked at each other in embarrassment.

"Um ... Parlez-vous français[1]?!" I said. Nadima just looked at me.

"Er ... Deutsch?" I tried.

She looked worried. I took that as a no. Just as well really, since I don't speak 45 French or German anyway.

There was another, even more unpleasant silence. Then, I had a brilliant idea. I dug into my bag and took out a bar of chocolate, broke off a bit and offered it to Nadima.

"Do you speak chocolate?" I said. 50

Her eyes seemed to come to life. She took the chocolate, but before putting it into her mouth she searched around in her school bag and gave me something that looked like Turkish Delight[2]. [...]

1 **Parlez-vous français?** – French for "Do you speak French?"

2 **Turkish Delight** – a type of sweet

adapted from: Cas Lester: *Do you speak chocolate?* Bonnier Publishing Fiction (2017), beginning of chapter 4

AUFGABEN

- Read the tasks carefully.
- Make sure to write about **all** the aspects presented in each task.

1 **Describe** the situation Jaz and her classmates are in and how they deal with it. *(8 Punkte)*

2 **Explain** what you get to know about Jaz' character. Look at what she does and says. *(10 Punkte)*

3 Here you can choose between three different options. **Do only ONE of them!**

option a)
At the end of the extract, Jaz has found a way of dealing with the situation.
Comment on the gesture Jaz chooses at the end of the extract when she offers some chocolate to Nadima.

Include ...
- how Nadima might feel about Jaz' behaviour,
- why the chocolate plays an important role in the text,
- what you think about Jaz' action in this situation.

(12 Punkte)

or

option b)
After the incident at school, Jaz and Nadima become close friends.
One Friday after school, Jaz invites Nadima home for dinner.
Jaz' parents are curious to meet their daughter's new friend.

Write how the story continues during dinner.

Include …
- how everyone tries to deal with the communication problem,
- how Jaz helps Nadima to feel more comfortable,
- how Nadima has won everybody's sympathy by the end of dinner.

You can start like this:

Mum and Dad were already busy setting the table. Nadima just stood in the doorway to our

kitchen. I saw Nadima taking a deep breath and …

(12 Punkte)

or

option c)
After her meeting with Nadima, Jaz wants to organise a school food bazaar. She decides to write an article for the school homepage to inform all the students about her idea.

Write her article.

Include …
- how Jaz got the idea to organise the food bazaar,
- how food can play a role in bringing different cultures together,
- how Jaz wants to organise the food bazaar at school.

You can start like this:

Bringing cultures together through food

When I first met Nadima, the new girl from Syria at our school, we had trouble communicating

with words, but "talked" to each other through food. This made me think …

(12 Punkte)

Quellenverzeichnis

Textquellen

17 Rebecca Lewis: "London's dark waters – the River Thames": *Spot on* (5/2011), Spotlight Verlag, Planegg/München

24 "Nightmare": from: http://www.english-the-international-language.com/reading/reading2.html (slightly adapted)

43/44 Keith Miller: "18 Advantages and Disadvantages of Cell Phones", from: *The Future of Working;* https://futureofworking.com/8-advantages-and-disadvantages-of-cell-phones/(letzter Zugriff: 20.1.2023)

54/55 C. Spencer: "What's the point of school uniform?" *The Guardian Online,* 3 October 2013; Copyright Guardian News & Media Ltd 2021

67/68 Phil Hilton: "The X-Factor", in: *The Guardian,* 23 October 2013 (adapted) © Guardian News & Media Ltd. 2021

72/73 "ProActive Adventure": www.proactive-adventure.com

85/86 Katherine Mansfield: "The Garden Party", in: *Selected Stories,* London and Oxford: Oxford Paperbacks, Oxford University Press, 1969, pp. 239–251, this excerpt pp. 244–247

91/92 Darragh Geraghty: "So that's it. We are leaving Dublin behind and moving to the country", in: *The Irish Times Online,* Aug 31, 2020
https://www.irishtimes.com/life-and-style/health-family/parenting/so-that-s-it-we-are-leaving-dublin-behind-and-moving-to-the-country-1.4338513 (letzter Zugriff: 18.01.2023, verändert und gekürzt)

98–100 Bewertung von Prüfungsaufgaben: Ministerium für Schule und Weiterbildung, Düsseldorf; http://www.standardsicherung.schulministerium.nrw.de

110/111 Mark Haddon: *The Curious Incident of the Dog in the Night-Time* (from Chapter 83), New York (Doubleday), 2003

116 Jenny Colgan: *Class,* Sphere Books, 2016, (gekürzt und verändert)

125 Cas Lester: *Do you speak chocolate?* Bonnier Publishing Fiction (2017), beginning of chapter 4

Hörquellen

26 "Station announcement": http://www.english-the-international-language.com/listening/train.html

64 "The Great British Heritage Pass": http://www.english-the-international-language.com/listening/listening3.html. The text of this clip has been taken from the copyright free article "Steps to Good Value Britain" provided by VisitBritain Press Centre.

Bildquellen

17 Robert Harding World Imagery/Picture-Alliance GmbH

116 iStockphoto.com/chengyuzheng

120 Schnabel, Dunja

125 Schumann, Friederike

Illustrationen: Hans-Jürgen Feldhaus, Münster